Erich Bauer

Alles über das Sternzeichen
WASSERMANN
21. 1. – 19. 2.

Besuchen Sie uns im Internet: www.knaur.de
Alle Titel aus dem Bereich MensSana finden Sie im Internet unter
www.mens-sana.de

Überarbeitete Neuausgabe November 2010
Knaur Taschenbuch. Ein Unternehmen der Droemerschen Verlagsanstalt
Th. Knaur Nachf. GmbH & Co. KG, München
Copyright © 2010 Knaur Taschenbuch
Alle Rechte vorbehalten. Das Werk darf – auch teilweise –
nur mit Genehmigung des Verlags wiedergegeben werden.
Redaktion: Ralf Lay
Abbildungen: Erich Bauer
Umschlaggestaltung: ZERO Werbeagentur, München
Umschlagabbildung: FinePic®, München
Satz: Wilhelm Vornehm, München
Druck und Bindung: CPI – Clausen & Bosse, Leck
Printed in Germany
ISBN 978-3-426-87523-0

2 4 5 3 1

Wassermann

21. Januar bis 19. Februar

DIE FAKTEN

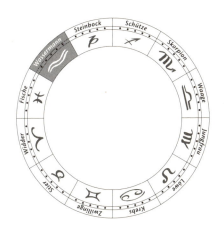

Element *Luft*
Sinnbild des göttlichen Odems, der das Leben trägt.

Qualität *Fix*
Bewahrend, verharrend, fest, einnehmend.

Polung *Plus*
Männlich, Yang, aktiv, nach außen, expansiv.

Symbolik Der *Wassermann* (Wasserträger) als Symbol göttlichen Schöpfertums.

Zeitqualität *21. Januar bis 19. Februar*
Umpolung der Energie in der Natur.

Herrscherplanet *Uranus*
Göttlicher Urvater.

Stärken
Human, modern, frei, unkonventionell, erfinderisch.

Reiseziele
Stadt Hamburg, Trient, New York
Land Schweden, Polen, Amerika
Landschaft »Stratosphäre«, Vulkanlandschaft

Magische Helfer
Farbe Purpur
Stein Türkis
Baum Dattel
Tier »Einhorn«
Duft Zypresse

Die Persönlichkeit
7 Durchsetzung
4 Besitzstreben
8 Kontakt
2 Familie
5 Genuss
4 Pflicht
6 Liebe
3 Bindung
10 Ideale
5 Ehrgeiz
10 Originalität
6 Transzendenz

Inhalt

9 Vorwort

11 **Einleitung: Eine kurze Geschichte der Astrologie**
12 Der Ursprung
13 Die Blüte
15 Der Niedergang
16 Der Neubeginn

Teil I – Das Tierkreiszeichen

20 **Wichtiges und Grundsätzliches**
20 Wie wird man ein Wassermann?
Kinder des Himmels – Kinder ihrer Jahreszeit – Kinder der Kultur – Zwischen Wirklichkeit und Mythos – Wie Wasser und doch Wind – Der Elfte im Bunde – Der ewig andere – Das Genie
30 Liebe, Sex und Partnerschaft
Der Astro-Flirt – Sind Wassermänner gut im Bett? – Sind Wassermänner gute Partner? – So hält man Wassermänner bei guter Laune – Über die Treue des Wassermanns – Das Eifersuchtsbarometer – Wie gut Wassermänner allein sein können – Weibliche Wassermänner auf dem Prüfstand – Männliche Wassermänner auf dem Prüfstand
45 Wie klappt's mit den anderen Sternzeichen?
Gegensätze ziehen sich an: Wassermann und Löwe – Knapp vorbei ist auch daneben: Wassermann und Krebs/Wassermann und Jungfrau – Ein Vertrauter in der Fremde: Wassermann und Zwillinge/Wassermann und Waage – Das verflixte Quadrat: Wassermann und Stier/Wassermann und Skorpion – Gute Freunde und mehr: Wassermann und Widder/Wassermann und Schütze – (Nicht immer) gute Nachbarn: Wassermann und Steinbock/Wassermann und Fische – Ich liebe ... »mich«: Wassermann und Wassermann

72 **Der Wassermann und seine Gesundheit**
72 Die Schwachstellen von Wassermanngeborenen
73 Menschliche Sprungfedern
74 Vorbeugung und Heilen
Der Sprung in die Freiheit – Freunde für die Freiheit – Die Apotheke der Natur – Die richtige Diät für Wassermänner

78 **Beruf und Karriere**
78 Routine ist tödlich
81 Sie sind Erfinder
83 Das Arbeitsumfeld und die Berufe
Wo arbeiten Wassermänner am liebsten? – Berufe der Wassermänner

85 **Test: Wie »wassermannhaft« sind Sie eigentlich?**

Teil II – Die ganz persönlichen Eigenschaften

90 **Der Aszendent und die Stellung von Mond, Venus & Co.**
90 Vorbemerkung
92 Der Aszendent – Die individuelle Note
Die Bedeutung des Aszendenten – Der Wassermann und seine Aszendenten
117 Der Mond – Die Welt der Gefühle
Die Bedeutung des Mondes – Der Wassermann und seine Mondzeichen
135 Merkur – Schlau, beredt, kommunikativ und göttlich beraten
Die Bedeutung Merkurs – Der Wassermann und seine Merkurzeichen
140 Venus – Die Liebe
Die Bedeutung der Venus – Der Wassermann und seine Venuszeichen
147 Mars – Potent, sexy und dynamisch
Die Bedeutung des Mars – Der Wassermann und seine Marszeichen
161 Jupiter – Innerlich und äußerlich reich
Die Bedeutung Jupiters – Der Wassermann und seine Jupiterzeichen
174 Saturn – Zum Diamanten werden
Die Bedeutung Saturns – Der Wassermann und seine Saturnzeichen
189 **Zum Schluss**

Vorwort

Astrologie ist eine wunderbare Sache
Sie verbindet den Menschen mit dem Himmel, richtet seinen Blick nach oben in die Unendlichkeit. Vielleicht steckt hinter dem Interesse an ihr zutiefst die Sehnsucht nach unserem Ursprung, unserem Zuhause, nach Gott oder wie immer man das Geheimnisvolle, Unbekannte nennen will.

Astrologie ist uralt und trotzdem hochaktuell
Die ersten Zeugnisse einer Sternenkunde liegen Tausende von Jahren zurück. Und dennoch ist sie brandneu. Es scheint, als hätte sie nichts von ihrer Faszination verloren. Natürlich hat sich die Art und Weise astrologischer Beschäftigung verändert. Während früher noch der Astrologe persönlich in den Himmel schaute, studiert er heute seinen Computerbildschirm. Damals konnte man nur von einem Kundigen eingeweiht werden, heute finden sich beinah in jeder Zeitung astrologische Prognosen.

Astrologie ist populär
Jeder kennt die zwölf Tierkreiszeichen. Man kann eigentlich einen x-beliebigen Menschen auf der Straße ansprechen und ihn nach seiner Meinung fragen: Er weiß fast immer Bescheid, sowohl über sein eigenes Sternzeichen als auch über die meisten anderen. Die zwölf astrologischen Zeichen sind Archetypen, die im Unterbewusstsein ruhen und auf die man jederzeit zurückgreifen kann.

Astrologie schenkt Sicherheit
Der Einzelne findet sich eingebettet in einer gütigen und wohlwollenden Matrix, ist aufgehoben, hat seinen Platz, so wie auch alle anderen ihren Platz haben.

Astrologie kann gefährlich sein
Die Astrologie liefert ein perfektes System. Konstellationen, die sich auf Bruchteile von Sekunden berechnen lassen, blenden und machen glauben, man habe es mit einer exakten Wissenschaft zu tun. Genau das ist aber falsch. Die Astrologie ist viel eher eine Kunst oder eine Philosophie. Ihre Vorhersagen sind immer nur ungefähr, zeigen eine Möglichkeit, sind aber kein Dogma. Astrologen wie Ratsuchende driften, wenn sie nicht achtgeben, leicht in eine Pseudowelt ab. In ihr ist zwar alles in sich stimmig, allein es fehlt am validen Bezug zur Wirklichkeit.

Ich bin Astrologe aus Passion
Ich lebe in dieser Welt, aber ich weiß auch, dass sie nicht alles offenbart. Ich freue mich, die Gestirne als Freunde zu haben, und glaube, dass ich so mein Schicksal gütig stimme. Das ist eine Hoffnung, kein Wissen.

Ich wünsche Ihnen beim Lesen Spaß und Spannung – und dass Sie sich selbst und andere besser verstehen.

Erich Bauer, im Frühjahr 2010

Einleitung:
Eine kurze Geschichte der Astrologie

Am Anfang jeder Geschichte der Astrologie steht das Bild des nächtlichen, mit Sternen übersäten Himmels. Der Mensch früherer Zeiten hat ihn sicher anders erlebt als wir. Er wusste nichts von Lichtjahren und galaktischen Nebeln. Er erschaute das Firmament eher vergleichbar einem Kind. Und als Kind der Frühzeit sah er sich nicht, wie wir heute, als getrennt von diesem Himmel, sondern als eins mit ihm. Er fand sich in allem und fand alles in sich. Und er folgte dem Rhythmus dieses großen Ganzen, ähnlich wie ein Kind seiner Mutter folgt. Dabei fühlte er sich wohl getragen und geborgen.
Wann die Menschheit anfing, sich aus diesem Gefühl der Allverbundenheit zu lösen, ist schwer zu sagen. Die überlieferten Zeichen sind rar und rätselhaft. Aber als der Homo sapiens begann, die Sterne zu deuten, war er dem großen Ozean seit Äonen entstiegen, er sah sich und den Himmel längst als getrennte Einheiten. Doch kam es irgendwann dazu, dass der Mensch Beziehungen zwischen den Sternbildern und dem Leben auf der Erde wiederentdeckte, deren Kenntnis er eigentlich schon immer besaß. Beispielsweise erlebte er, dass ein Krieg ausbrach, während am Himmel ein Komet auftauchte und die normale Ordnung der Sterne störte. Oder er empfand großes Glück, während sich am Firmament zwei besonders helle Lichter trafen. Er begann solch auffällige Lichter mit Namen zu versehen: »Helios« beispielsweise – oder »Jupiter«, »Mars« oder »Venus«. Er ging sogar dazu über, bestimmte Sterne als Gruppen (Sternbilder) zusammenzufassen und ihnen Namen zu geben, etwa »Widder« oder »Großer Wagen«. Immer wieder beobachtete er typische Gestirnskonstellationen, die parallel zu markanten Ereignissen auf der Erde auftraten. Nach den Gesetzen der Logik entwickelte er aus diesen Zusammenhängen mit der Zeit eine Wissenschaft, die Astrologie, die ihm zum Beispiel die Schlussfolgerung erlaubte, dass auf der

Erde Gefahr droht, wenn Mars in das Tierkreiszeichen Skorpion eintritt. So fand der Mensch allmählich seine verlorene Einheit wieder und baute eine Brücke, die ihn mit seinem Urwissen verband, das er im Inneren seiner Seele aber nie wirklich verloren hatte.

Der Ursprung

Die Urheimat der Sternkunde war nach heutigem Erkenntnisstand Mesopotamien, das Land zwischen den Flüssen Euphrat und Tigris, das jetzt »Irak« heißt. Dort war der menschliche Geist wohl am kühnsten und vollzog als Erster endgültig die Trennung zwischen Mensch und Schöpfung. Die Sterne am Himmel bekamen Götternamen, etwa den des Sonnengotts Schamasch und der Göttin Ischtar, die auch als Tochter der Mondgöttin verehrt wurde und die sich als leuchtender Venusstern offenbarte. Da der Mond, die Sonne und einige andere Lichter im Vergleich zu den Fixsternen scheinbar wanderten, nannte man diese Planeten »umherirrende« oder »wilde Schafe« und unterschied sie von den »festgebundenen« oder »zahmen Schafen« – den Fixsternen, die vom Sternbild Orion, dem »guten Hirten«, bewacht wurden. Der größte Planet des Sonnensystems, mit heutigem Namen »Jupiter«, war im Land zwischen den zwei Strömen ein Sinnbild des Schöpfergottes Marduk. Sein Sohn und Begleiter hieß »Nabu« und wurde später zu »Merkur«. Das rötlich funkelnde Gestirn Mars wiederum war die Heimat des Herrn der Waffen, der genauso als Rachegott angesehen wurde. Saturn war ebenfalls bereits entdeckt worden und wurde als eine »müde Sonne« betrachtet. Außerdem galt Saturn als Gott der Gerechtigkeit, Ordnung und Beständigkeit. Gemeinsam mit anderen Göttern erhob sich schließlich der Rat der zwölf Gottheiten, und damit hatten auch die zwölf verschiedenen astrologischen Prinzipien ihren Auftritt. Zu all diesen Erkenntnissen kam man im Zweistromland etwa zwischen dem 7. und 4. vorchristlichen Jahrhundert.

Man hat Tafeln aus dem 2. Jahrhundert vor Christus gefunden, auf denen Beobachtungen über den Lauf von Sonne, Mars und Venus eingezeichnet waren. Auch Zeugnisse von ersten Geburtshoroskopen stammen aus dieser Zeit. Im Jahr 1847 wurden bei den Ruinen von Ninive 25 000 Tontafeln ausgegraben. Man datierte sie ins Jahr 600 vor Christus. Auf einem Teil dieser Tafeln befinden sich Weissagungen, die, mit etwas Zeitgeist aufgefrischt, ohne weiteres der astrologischen Seite einer modernen Tageszeitung entstammen könnten: »Wenn Venus mit ihrem Feuerlicht die Braut des Widders beleuchtet, dessen Schwanz dunkel ist und dessen Hörner hell leuchten, so werden Regen und Hochflut das Land verwüsten.«

Das ist eine »professionelle« astrologische Vorhersage. Damit war Spezialistentum an die Stelle einer ganzheitlichen Naturerfahrung getreten. Denn inzwischen hatte nur der fachkundige Astrologe die Zeit und das Wissen, den Himmel zu studieren, um daraus Rückschlüsse auf die Ereignisse im Weltgeschehen zu ziehen. Bald musste dieser Fachmann auch nicht einmal mehr den Himmel selbst beobachten. Spätestens im 1. Jahrhundert vor Christus gab es Ephemeriden. Das sind Bücher, aus denen die Stellung der Gestirne zu jeder beliebigen Zeit herausgelesen werden kann. Die Astrologie, wie sie auch heute noch betrieben wird, war damit endgültig geboren.

Die Blüte

In den nun folgenden anderthalbtausend Jahren erlebte die Astrologie eine Blütezeit kolossalen Ausmaßes. Dafür steht ein so bedeutender Name wie Claudius Ptolemäus. Er lebte im 2. Jahrhundert nach Christus und vertrat das geozentrische Weltbild mit der Erde im Mittelpunkt, auf das sich die Menschheit nach ihm noch länger als ein Jahrtausend beziehen sollte. Er war Geograph, Mathematiker und ein berühmter Astrologe und Astronom, der das bis in unsere Zeit fast unveränderte Regelwerk der Astrologie verfasste, den *Tetrabiblos*, welcher aus vier Büchern besteht. Darin riet er zu einer sorgfältigen Gesamtschau des Geburtshoroskops. Er erwähnte auch, dass man bei der Beurteilung eines Menschen ebenso dessen Milieu und Erziehung berücksichtigen solle, was einer modernen ganzheitlichen psychologischen Betrachtungsweise entspricht.

Eine spätere Berühmtheit in der Geschichte der Astrologie war Philippus Theophrastus Bombastus von Hohenheim (1493–1541), der sich selbst stolz »Paracelsus« nannte. Er war Arzt, Alchemist sowie Philosoph, und von ihm stammt jener von Astrologen so viel zitierte Satz: »Ein guter Arzt muss immer auch ein guter Astronomus sein.« Dazwischen lebte der Bischof Isidor von Sevilla (560–636). Er schrieb, ein Arzt solle immer auch sternkundig sein. Erwähnt werden muss natürlich die berühmte weibliche Vertreterin einer sternenkundigen Heilkunst Hildegard von Bingen (1098–1179). Sie war fasziniert von den Analogien zwischen Himmel und Erde, sammelte Kräuter, pflanzte sie im Klostergarten an und schrieb über die Wirkung der Mondphasen. Sicher war die heilige Hildegard nicht der einzige weibliche astrologisch denkende Mensch. Aber ihr Name sei hier stellvertretend genannt für all die Frauen, die als Tempelpriesterinnen, Nonnen und angebliche Hexen ihr ganzheitliches Wissen über die Jahrhunderte hinweg weitergegeben haben.

Bis ins 16. Jahrhundert dauerte die Hoch-Zeit der Astrologie. Beinah alle angesehenen Denker – wie Platon und Aristoteles im Altertum, Naturwissenschaftler wie Nikolaus Kopernikus (1473–1543), Johannes Kepler (1571–1630) und Galileo Galilei (1564–1624) – dachten astrologisch und berechneten auch Horoskope. Am bekanntesten ist das von Kepler angefertigte Horoskop Wallensteins aus dem Jahr 1608. Die Astrologie wurde an den Universitäten gelehrt, und auch viele Bischöfe und einige Päpste förderten die Sternkunde. Wie es heute selbstverständlich ist, dass ein Naturwissenschaftler Einsteins Relativitätstheorie kennt und versteht, so war damals jeder denkende Kopf in der Astrologie bewandert.

Der Niedergang

Bereits Ende des 16. Jahrhunderts hatte die Astrologie ihren guten Ruf in vielen Ländern Europas verloren. Es gab päpstliche Anordnungen wie die Bulle »Constitutio coeli et terrae« von 1586, in der ein Verbot der Astrologie ausgesprochen wurde, und die meisten Universitäten schafften ihren Lehrstuhl für Astrologie ab.

Worauf war dieser rapide Niedergang zurückzuführen? Es gibt sicher zahlreiche Gründe. Der wichtigste ist, dass sich der menschliche Geist von den Fesseln tradierter Vorstellungen zu befreien begann. Er löste sich mit der Reformation von Rom und später mit der Französischen Revolution von seinen königlichen und kaiserlichen »Göttern«. Da war es nur konsequent, sich auch von den »Göttern am Himmel« loszusagen. Der zweite Grund war der, dass sich im Laufe der Zeit grobe Fehler astrologischer Vorhersagen herumsprachen. So hatte es wohl keine Prophezeiung gegeben, die den Dreißigjährigen Krieg oder die Pest rechtzeitig in den Sternen sah. Der dritte Grund wird häufig von den professionellen Astrologen angeführt. Sie behaupten, dass die falschen Propheten, also die unseriösen Astrologen, der wahrhaften Sterndeutekunst das Aus bescherten. Eine Kunst wie die Astrologie lockt natürlich auch faustische Gestalten an, die davon besessen sind, dem Schicksal einen Schritt voraus zu sein. Solche Schwarmgeister und falschen Propheten haben der Astrologie bestimmt geschadet, besonders auch, weil durch die Erfindung der Buchdruckerkunst jede selbst noch so törichte Prophezeiung in einer hohen Auflage verbreitet werden konnte. Aber den guten Ruf der Astrologie haben letztlich auch sie nicht ruiniert.

Nein, es waren die Astrologen selbst. Als im 16. und 17. Jahrhundert durch immer neue Entdeckungen die Erde ihre zentrale Stellung verlor und sich ein völlig neues naturwissenschaftliches Verständnis durchsetzte, versuchte die Astrologie mitzuhalten und verlor wegen ihrer unhaltbaren Thesen jeden Kredit in den gelehrten Kreisen. Schon Kepler, der seiner Zeit um Jahrzehnte voraus war, hatte die Astrologen gewarnt und ihnen geraten, ihre Kunst nicht auf einen naturwissenschaftlichen, sondern auf einen philosophischen Boden zu stellen. Er sagte, es sei unmöglich, zu denken, dass die Sterne mittels irgendwelcher Strahlungen die menschliche Seele berühren könnten. Er sprach in diesem Zusammenhang von einem astrologischen Instinkt, der im menschlichen Geist verankert sei. Aber sein »psychologischer Ansatz« wurde überhört und ging schließlich völlig unter. Die Astrologen sahen sich im Gegenteil dazu veranlasst, immer hanebüchenere »wissenschaftliche« Thesen aufzustellen. Die Folge war ein gewaltiges Gelächter der gesamten gelehrten Welt im 17. Jahrhundert, das bis heute noch nicht verklungen ist.

Der Neubeginn

Erst im 19. und dann besonders im 20. Jahrhundert besann sich der Mensch wieder vermehrt seiner fernen Vergangenheit. Der Schweizer Psychiater C. G. Jung etwa sagte, dass die Astrologen endlich darangehen müssten, ihre Projektionen, die sie vor Jahrtausenden an den Himmel geworfen hätten, wieder auf die Erde zurückzuholen. In jeder menschlichen Seele seien die Kräfte der astrologischen Archetypen, der archaischen Urbilder, enthalten und dort wirksam. So wird der Raum am Himmel mit den Zeichen und Planeten zu einer Landkarte menschlicher Anschauung. Dabei ist es nicht so, dass zum Beispiel der Planet Mars die Geschicke *bestimmt*, sondern er *zeigt* durch seine Position den Gesetzen der Analogie folgend *auf*, was in der menschlichen Seele vor sich geht.

Nach seiner jahrtausendelangen Reise heraus aus der Allverbundenheit hat der Mensch also begonnen, den Bezug zu seinen Ursprüngen wiederherzustellen. Er besinnt sich als kritischer und freier Geist darauf, was schon immer in ihm vorhanden war. Damit beginnt die Ära einer psychologischen oder philosophischen Astrologie. Und das ist auch die Geburtsstunde einer Astrologie, die ganzheitlich denkt und arbeitet.

In etwa parallel zu dieser allmählichen Hinwendung zur Psychologie und Philosophie übernehmen Computer mit entsprechender Software den komplexen Rechenvorgang zur Erstellung eines Geburtshoroskops. Bis vor vielleicht zehn, zwanzig Jahren gehörte es zum Standardkönnen eines jeden Astrologen, Horoskope zu berechnen und zu zeichnen. Dies ist sehr wahrscheinlich einer der Gründe, warum Frauen unter den Sterndeutern damals deutlich in der Minderzahl waren. Es ist einfach nicht ihr Metier, sich mit trockenen Zahlen und komplizierten Berechnungen herumzuschlagen, wo es doch um seelische Vorgänge geht – und diese Feststellung ist in keiner Weise abwertend gemeint, denn heute sind Frauen unter den Astrologen bei weitem in der Überzahl.

Der PC spuckt nach Eingabe von Name, Geburtsdatum, -ort und -zeit in Sekundenschnelle das Horoskop aus. Die astrologische Kunst scheint jetzt »nur« noch darin zu bestehen, die Konstellationen richtig zu deuten. Und auch hier ersetzt der Computer mehr und mehr den Astrologen. Es gibt schon seit einigen Jahren Programme, die mit entsprechenden Textbausteinen zu bemerkenswert treffenden Aussagen kommen. Ist dies nun das Ende der Sterndeuter? Ich meine: im Gegenteil! Überlassen wir dem »Computer-Astrologen« ruhig die Grundarbeit. Das spart Zeit. Dafür kann der »Mensch-Astrologe« die einzelnen Fakten im Sinne einer ganzheitlichen Schau zusammentragen und sich völlig dem Verständnis der einmaligen, individuellen Persönlichkeit widmen. Ebendafür ist ein großes Maß an Intuition, die ja gerade eine weibliche Stärke ist, mit Sicherheit von Vorteil.

Teil I
Das Tierkreiszeichen

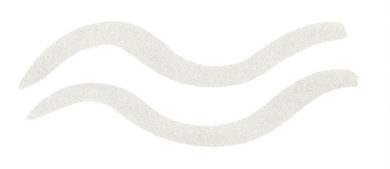

Wichtiges und Grundsätzliches

Die Erde dreht sich bekanntlich einmal im Jahr um die Sonne. Von uns aus gesehen, scheint es aber so zu sein, dass die Sonne eine kreisförmige Bahn um die Erde beschreibt. Der Astrologie wird vielfach vorgeworfen, sie ignoriere diesen grundlegenden Unterschied. In Wirklichkeit ist er für die astrologischen Horoskopdeutungen jedoch nicht von Bedeutung.

Diesen in den Himmel projizierten Kreis nennt man »Ekliptik«. Die Ekliptik wird in zwölf gleich große Abschnitte gegliedert, denen die Namen der zwölf Stern- bzw. Tierkreiszeichen zugeordnet sind. Zwischen dem 21. Januar und dem 19. Februar durchläuft die Sonne gerade den Abschnitt Wassermann, weswegen dieses Tierkreiszeichen auch das »Sonnenzeichen« genannt wird.

Beginnen wir jetzt mit der Betrachtung des Sonnen- oder Tierkreiszeichens, dem dieser Band gewidmet ist, um zunächst einmal herauszufinden, was denn nun »typisch Wassermann« ist.

Wie wird man ein Wassermann?

Kinder des Himmels

Wer Anfang September um Mitternacht in südlicher Richtung in den Himmel schaut, erblickt zwischen dem weitgedehnten Sternbild Fische und dem Dreieck des Steinbocks ein Gewirr von Sternen. Versucht er mit Hilfe seiner Vorstellungskraft, einzelne Lichtpunkte zu einer Linie zu verbinden, kann er mit den unterschiedlichsten Möglichkeiten spielen: Er erkennt eine oder zwei zackige Wellenlinien oder eine züngelnde Schlange, die am fernen Horizont vom Himmel herab die Erde berührt.

Mit diesem freien Spiel der Phantasie befindet sich der nächtliche Betrachter bereits mitten im Energiefeld des Wassermanns, das dem Menschen die Freiheit schenkt, sein Leben selbst zu gestalten.

Kinder ihrer Jahreszeit

Im Januar und Februar lastet der Winter am härtesten über der nördlichen Erde. Kleinere Bäche und seichte Seen gefrieren manchmal bis auf den Grund hinunter. Der Schnee kann sich meterhoch türmen, und eiskalte Stürme begraben ganze Landstriche unter weißer Last. Selbst die Luft ist schneidend kalt wie Eis.

Dann, ganz plötzlich, manchmal innerhalb einer einzigen Nacht, schlägt das Wetter um, und Tauwetter fällt über das Land. Das Eis zerspringt, und die Schneewasser tosen ins Tal. Die Pflanzen und Samen spüren das wärmere Licht: Tief in ihrem Innersten regt sich neues Leben. Die Natur erwacht aus ihrer Erstarrung. Wurzeln ziehen Wasser aus der Erde, das sich die Äste und Zweige hinauf himmelwärts bewegt, bis es am Ende der Wassermannzeit die äußersten Spitzen erreicht. Bei einigen früheren Gewächsen schwellen jetzt schon die Knospen deutlich an.

Auch die Tiere riechen den Frühling, obwohl er noch Wochen entfernt ist: Manche beenden ihren Winterschlaf und nutzen die Schneeschmelze, um im aufgeweichten Boden nach Nahrung zu suchen und ihre Vorratskammern aufzufüllen. An einem besonders warmen und sonnigen Tag beginnen die ersten Vögel mit ihrer Balz.

Kinder der Kultur

Genau wie in der Natur erwachen auch in den Menschen im Januar und Februar wieder neue Energien. Der Bauer muss die Bäume beschneiden, bevor das himmelwärts schießende Wasser die Äste und Zweige erreicht. Der Volksmund sagt, dass es nach Lichtmess am 2. Februar die Bäume schmerzt, wenn man sie schneidet. Außerdem muss Dung auf den Schnee gestreut werden, damit er mit der Schmelze unter den Boden kommt.

Überall feiert man das sich ausbreitende Licht der Sonne. Nördlich des Polarkreises steht sie jetzt wenigstens für ein paar Stunden über dem Horizont. Aber auch weiter südlich ist die feuchtkalte Jahreszeit vorüber, und an geschützten Stellen zeigt sich das erste Grün. In der wechselhaften Witterung – einmal klirrender Frost und Schnee, dann wieder ein plötzlicher Wärmeeinbruch – sahen die Naturvölker einen Kampf zwischen Winter und Frühling, den einmal die dunkle und dann wieder die helle Seite gewann. Für die einfache Seele verdichtete sich dieses Ringen in einen Kampf zwischen guten und bösen Geistern. Symbolisch ist das Geschehen im Fasching bzw. Karneval eingefangen, dem wichtigsten Brauch dieser Zeit.

Wenn während der Basler Fastnacht morgens Ratschenknallen, Hörnerblasen, Glockenläuten und Feuerwerk erschallen, dann gilt dieser ohrenbetäubende Lärm der Vertreibung der Wintergeister. Auch in vielen anderen Gegenden gibt es Umzüge und Umtriebe, in denen die Fratze des Bösen ihren letzten Auftritt haben darf, bevor sie – genau wie der Winter – acht bis zehn Monate zu verschwinden hat. Im Volksmund heißt es, dass man beim Faschingstreiben die von der Kälte erstarrten Glieder schütteln soll; man würde dadurch den Winter auch aus dem steifen Körper vertreiben.

Noch ein anderer Brauch gehört fest zum Karneval: Es ist das Spiel mit Verkleidungen, Masken und Rollentausch, das bereits die Römer kannten. In bestimmten Garnisonen wurde einmal im Jahr ein einfacher Soldat durch Los zum Kaiser bestimmt. Für dreißig Tage durfte sich der Auserwählte jeden Wunsch erfüllen. Dann allerdings fand seine phantastische Karriere ein jähes Ende; er musste sich selbst die Kehle durchschneiden. Das Gleiche, allerdings ohne das schreckliche Finale, geschieht heute, wenn der »Weiberrat« die Stadt regiert oder wenn Faschingsprinz und -prinzessin während der Karnevalszeit symbolisch die Regierungsgeschäfte übernehmen.

Der Fasching schafft eine Ausnahmesituation. Plötzlich ist erlaubt, was das ganze Jahr über verboten oder zumindest verpönt ist: Männer ziehen »Weiberkleider« an, und Frauen treten als galante Männer auf. Man duzt sich mit den Vorgesetzten, und erotische Tabus scheinen aus der Welt geschafft. Als könnte der Mensch im Karneval aus Klischees, Gewohnheiten und Zwängen einfach ausbrechen, als wolle er wenigstens für eine bestimmte Zeit etwas völlig anderes erleben und unternehmen als das ganze übrige Jahr.

Zwischen Wirklichkeit und Mythos

Der Wassermann ist nach Zwillingen und Jungfrau das dritte menschliche Symbol der westlichen Astrologie. Allerdings erahnt man nicht wie bei den anderen beiden Zeichen, was damit gemeint ist. Ein Wassermann taucht höchstens in Märchen oder Fabeln auf. Meistens ist er ein Geist der Meere, der sich manchmal brüstend an der Wasseroberfläche zeigt und den Seefahrern und Fischern einen gewaltigen Schrecken einjagt.

Erst wenn man andere Benennungen des elften Zeichens erwähnt, wird deutlich, wer mit dem Wassermann wirklich gemeint ist: Man bezeichnet das Sternbild auch als »Wasserträger«. In ärmeren südlichen Ländern, in denen Wasser rar und kostbar ist, sieht man ihn zum Teil auch heute noch wie zu Urzeiten mit lautem Rufen sein Wasser feilbieten. Natürlich trifft man ihn auch auf den Feldern, wo er mit seinen Krügen die Saat bewässert. In den heißen Ländern war und ist er ein sehr armer, aber zugleich wichtiger und angesehener Arbeiter. Darstellungen von ihm findet man schon in Grabkammern der Pharaonen. In Ägypten hat man einen göttlichen Wassermann auch für das An- und Abschwellen des Nils verantwortlich gemacht: Der große Fluss der Ägypter steigt periodisch zur Regenzeit weit über seine Ufer hinaus und brachte damit dem ganzen Land Fruchtbarkeit. Um sich auf dieses gewaltige Anschwellen des Flusses rechtzeitig einzustellen, studierten die Gelehrten Ägyptens den Zusammenhang der Jahreszeiten mit dem Lauf der Gestirne. Ganz sicher war dies eine der Geburtsstunden der Astronomie und Astrologie.

Es gibt noch ein Geheimnis um den Namen »Wassermann«, das sich allerdings nur dem wirklich zu erschließen vermag, der sprichwörtlich in die Wüste geht. Dort begegnet man dem Gott der Winde auf Schritt und Tritt. Er hinterlässt nämlich seine Spuren in Form unendlicher Sandwellen, die dem Meer sehr ähnlich sind, nicht nur in der Form, sondern auch darin, dass sie immerfort wandern: Hier also trifft man den eigentlichen »Wassermann«, den großen Windgott und Wellenmacher. Auf ihn verweist auch das Symbol des Wassermannzeichens, eine doppelte Wellenlinie.

Wie Wasser und doch Wind

Neun von zehn Menschen denken bei Wassermann an »Wasser«. Es stimmt zwar, dass die zwölf »Stern«- bzw. Tierkreiszeichen in vier Elemente unterteilt werden, nämlich in Feuer-, Erd-, Wasser- und Luftzeichen, aber der Wassermann gehört zum Luft- und nicht zum Wasserelement. Aus dem »kosmischen Krug« fließt viel eher »Lebensenergie« oder der »Odem der Schöpfung«. Doch sogar von Wassermännern selbst habe ich schon häufig diese irrtümliche Zuordnung vernommen. »Ich bin ein Wasserzeichen, darum lebe ich gern am Wasser ...«, so stellte sich mir vor einiger Zeit ein Vertreter besagten Zeichens vor.

Einmal davon abgesehen, dass der Name ja nun wirklich den Bezug zum Wasser nahelegt, sagt dieser »Irrtum« tatsächlich etwas über das Wesen der Menschen aus, die im Zeichen des Wassermanns geboren sind: Sie sind nicht das, was man denkt, bzw. sie sind anders, als sie sich selbst einschätzen. Und in irgendein Klischee wollen sie schon einmal überhaupt nicht gehören ... Das klingt nach außergewöhnlichen Menschen – und genau das sind sie! Jetzt befinden wir uns auf der richtigen Spur.

Ich kenne viele Wassermänner. Das liegt vor allem daran, dass sie gern zum Astrologen gehen. Unter ihnen waren Künstler, Taxifahrer, Aussteiger, Menschen mit außergewöhnlichen Berufen wie Hellseher oder Dufttherapeuten, solche mit abgebrochenen Berufsausbildungen und sonstige Außenseiter. Aber ich kann mich an fast keinen Wassermann erinnern, der ein »durchschnittliches« Leben bzw. einen konventionellen Beruf gehabt hätte. Gut, es waren auch Vertreter dieses Zeichens bei mir, die dem ersten Eindruck nach dem Klischee eines »normalen« Menschen durchaus entsprachen (zum Beispiel ein Lehrer, ein Bankangestellter), aber beim zweiten und genaueren Hinsehen offenbarte sich stets das Besondere und andere: Der Bankangestellte gab jeden Cent dafür aus, den Pilotenschein zu machen, der Lehrer wäre eigentlich viel lieber Astrologe geworden ...

Um zu verstehen, warum Wassermänner buchstäblich in die Besonderheit – und manchmal auch Absonderlichkeit – drängen oder gezogen werden, ist es nötig, weiter auszuholen.

Der Elfte im Bunde

Im Tierkreis (Zodiak) steht der Wassermann an elfter Stelle. Nun ist es in der Astrologie so, dass man ein Zeichen – beim einen mehr, beim anderen weniger – erst dann richtig versteht, wenn man es vor dem Hintergrund all der Zeichen betrachtet, die ihm vorausgehen. Jedes Tierkreiszeichen ist sozusagen eine logische Fortsetzung seines »Vorgängers«. Beim Wassermann muss man weit ausholen, denn vor ihm liegen zehn andere, und den Anfang macht der Widder.

Der Widder symbolisiert den Neubeginn. Stellen Sie sich ein Ei vor, das gerade aufbricht, aus dessen Innerem sich ein neues Wesen mit aller Kraft nach außen, hinaus in das Leben drängt. Wenn das neue Lebewesen seinen ersten tiefen Atemzug genommen hat und auf seinen eigenen Beinen stehen kann, wird es beginnen, den Raum zu erobern. Das alles – Geburt, Anfang, Ausdehnung, Raumeroberung – gehört zum Tierkreiszeichen Widder. Irgendwann wird unser neugeborenes Wesen vielleicht einen bestimmten Platz als seinen eigenen erleben und durch entsprechende Vorkehrungen zu markieren versuchen. Damit beginnt das Stierprinzip: absichern, Fuß fassen, Raum nehmen, schützen.

Unser drittes Prinzip, Zwillinge, setzt in dem Augenblick ein, in dem wir anfangen, andere Lebewesen wahrzunehmen und mit ihnen Kontakt aufzunehmen.

Mit dem vierten Zeichen, dem Krebs, beginnt eine völlig neue Seinsebene, nämlich die des Fühlens oder »Sich-in-sich-selbst-Findens«. Auf der Entwicklungsstufe des Krebses erlebt sich der Mensch nicht als Macher (Widder), als Besitzer (Stier), als Begegnender (Zwillinge), sondern als Seiender. Wie gesagt: Er sucht und findet »sich in sich selbst«.

Diese Bewegung nach innen kehrt sich beim Zeichen des Löwen um. Nach der »Selbstfindung« entwickelt sich der Drang nach außen, der Wunsch, sich zu zeigen und andere in den Bann zu schlagen.

Mit dem sechsten Zeichen, der Jungfrau, entsteht wieder etwas Neues. Auf der Ebene des Löwen hat sich der Mensch – symbolisch gesprochen – als Einzelwesen erfüllt. Jetzt beginnt der mühsame Prozess der Anerkennung einer anderen Realität als der eigenen. Aus astrologischer Sicht ist »das Leben« vom Zeichen Widder bis zum Löwen lediglich an sich selbst interessiert und aus sich selbst heraus motiviert. Alles andere, was außerhalb der eigenen Individualität existiert, dient nur dem eigenen Ich, der eigenen Befriedigung und Entwicklung. Ab der Stufe des Zeichens Jungfrau wird der Mensch sozial, er nimmt wahr, dass außerhalb seiner selbst eine andere Realität besteht, die genauso wichtig und wertvoll ist wie die eigene.

Auf der Ebene der Waage ist dieser Prozess – bildlich gesprochen – »abgeschlossen«. In jeder Waage schlummert vom ersten Tag ihres Lebens an das Wissen um die Existenz der anderen und ihrer Gleichwertigkeit. Diesem Sachverhalt verleiht die Astrologie mit dem Bild der Waage die richtige Ausdruckskraft: Ich und du, wir schwingen um eine gemeinsame Mitte wie die Schalen einer Waage, wir sind Teile eines größeren Ganzen, wir befinden uns beide in einem Zustand des vollständigen Gleichgewichts.

Beim Skorpion setzt sich der Prozess der Anerkennung einer anderen Wirklichkeit weiter fort: Das andere wird mächtiger und wichtiger als das Ich. Auf der Ebene des Skorpions wird der Einzelne klein, das Übergeordnete, das andere außerhalb von ihm groß.

Geläutert durch diese Transformation des Egos, findet die astrologische Persönlichkeit auf der Ebene des neunten Zeichens im Tierkreis, des Schützen, die Kraft und die Gnade des wissenden Geistes.

Das zehnte Tierkreiszeichen ist der Steinbock. Dieser Persönlichkeitsaspekt symbolisiert Folgendes: Alles Lebendige konzentriert sich, wird verdichtet, gemaßregelt. Der Einzelne muss sich übergeordneten Prinzipien beugen, er wird formiert, »eine Nummer«, erfährt im schlimmsten Fall Zwang, Lähmung und Dunkelheit.

Das Prinzip des Wassermanns schließlich ist der Kontrapunkt dazu, die Aufhebung der Erstarrung, die Befreiung. Er ist stets gegen etwas, er ist der Rebell, der Andersdenkende, der Ausbrecher, der Außenseiter, das Genie, manchmal sogar der »*Verrückte*«.

Der ewig andere

Wassermänner müssen einfach anders sein! Sie empfinden das »hinter ihnen liegende« Steinbockprinzip wie ein Gefängnis, dem sie eben entkommen sind. Und vergleichbar einem zu Unrecht festgehaltenen und dann freigekommenen Sträfling ist ihnen jetzt zum Tanzen zumute. Ja, sie sind extravertierte, extreme, ekstatische Menschen. Irgendeine innere Stimme flüstert ihnen zu, dass ebendiese Art zu leben für sie die einzige Rettung vor dem Vergangenen, der Starre und Dunkelheit ist. In ihnen tobt zuweilen ein regelrechter Kampf wider eine derartige Vergangenheit, den sie dann gegen überkommene Autoritätsgefüge, Hierarchien, Sturheit, Starre und Lethargie ausleben.

Der Kampf gegen das Böse, Dunkle, Enge, Muffige tobt in jedem Wassermann. Typische Vertreter dieses Zeichens wohnen lieber in oberen Stockwerken, öffnen automatisch Fenster und Türen und reagieren beinahe klaustrophobisch, wenn sie einen engen, dunklen Raum betreten sollen: Meine astrologische Praxis liegt im dritten Stock. Nach den Sitzungen begleite ich die Klienten zur Wohnungstür und weise sie in der Regel auf den Aufzug hin, der sich in unmittelbarer Nähe befindet. Neun von zehn Wassermännern sagen daraufhin: »Nein danke, ich gehe lieber zu Fuß!«

Wassermänner leiden auch unter der »Geschlossenheit« von Situationen und der Dumpfheit des Denkens. Kaum etwas kann sie so schnell auf die Palme bringen wie eine engstirnige, verbohrte Einstellung. Er, der Wassermann, verkörpert das Leichte gegenüber dem Schweren, das Luftige gegenüber dem Dichten und Festen. Er sehnt sich danach, sich gleich einem Vogel aus den Verstrickungen in den Widersprüchen des Lebens zu lösen und einfach davonfliegen zu können.

Letzten Endes steht das Prinzip Wassermann für den kosmischen Urknall, die kreative Explosion, die alles beendet und neu beginnen lässt – auch für den schöpferischen »Zufall«, dem wir vielleicht alle unsere Existenz verdanken, weil vor Jahrmillionen »zufällig« eine organische Verbindung entstand, aus der alles weitere Leben hervorgegangen ist.

Das Genie

Entwicklung und Fortschritt sind ebenso Kinder des Wassermanns. Ohne dieses Prinzip würden sich die Menschen wahrscheinlich immer noch auf vier Beinen bewegen, ein Fell tragen, das Feuer, wenn überhaupt, mit Holzstäbchen entfachen oder auf einen Blitz warten, in Höhlen wohnen oder davon überzeugt sein, dass die Welt eine flache Scheibe ist, und andere Kontinente gar nicht kennen ... Wassermänner lieben es, zu fliegen. Das schenkt ihnen die Illusion, der Schwerkraft ein Schnippchen zu schlagen. Der Wassermann Charles Lindbergh überflog als Erster den Atlantik, die Wassermänner Hugo Junkers und Auguste Picard waren bahnbrechende Pioniere der Luftfahrt. Unter den Privat- sowie den Berufspiloten unserer Tage gibt es Vertreter dieses Tierkreiszeichens en masse, und der Beruf der Stewardess wird – neben den Schützen – am häufigsten von Wassermännern gewählt. Ich hatte einmal die Gelegenheit, an einer Podiumsdiskussion teilzunehmen, zu der auch zwei Astronauten geladen waren – beide waren Wassermänner.

Wenn sie nicht fliegen, wollen sie irgendwie anders hoch hinaus. In jedem Wassermann steckt ein Genie. Das heißt nicht, dass sie unbedingt intelligenter sind als die anderen elf Tierkreiszeichen. Aber sie sind »durchlässiger«, und das Besondere und Außergewöhnliche kann bei ihnen schneller und leichter geschehen. Genialität ist sozusagen ihr Überlebensprinzip; sie können gar nicht anders.

Normalität, das Ewiggestrige, Gehorsam, Unterordnung, Formierung sind für Wassermänner Qual und Lähmung zugleich. Sie müssen einfach protestieren, sie müssen sich gegen unsinnige Zwänge wenden. Ich bin immer wieder Wassermännern begegnet, die versucht haben, ihren rebellischen Geist zu beruhigen und sich einzugliedern in das Heer der Jeder- und Biedermänner. Aber ich habe darunter keinen glücklichen Wassermann gefunden.

Was gefällt Ihnen an einem Genie wie Wolfgang Amadeus Mozart? Sicher, dass er unsterbliche Musik geschrieben hat. Aber Sie wissen wahrscheinlich auch, dass er sich nie anpasste. Mit der gesellschaftskritischen Oper »Le nozze di Figaro« etwa verspielte er sich die Gunst des tonangebenden aristokratischen Publikums. Er verachtete die Komponisten, deren Schaffen nur darauf ausgerichtet war, dass ihre Werke am Hof ankommen. Mozart machte seine eigene Musik. Mozart war ein Wassermann.

Ich werde Ihnen einige weitere unsterbliche Namen nennen, um Sie noch vertrauter zu machen mit dieser einmaligen Energie, die man in der Astrologie »wassermännisch« nennt und die Menschen so stark verinnerlicht haben, die zur Zeit des Wassermanns geboren sind: Thomas A. Edison ist der Pionier der Telekommunikation. Jules Verne stand mit seinen futuristischen Romanen am Beginn der Science-Fiction und war seiner Zeit weit voraus; denken Sie nur an seine »Reise« *Von der Erde zum Mond* (1865). Charles Darwin revolutionierte die bis dahin herrschende Auffassung über die Entstehung und Entwicklung des Lebens. Dann der Dichter Georg Trakl, dessen Lyrik selbst das Unsagbare ausdrückt. Der geniale Maler Franz Marc – seine blauen Pferde sprechen beredt von der Unschuld des Tieres. Der Dramaturg Bertolt Brecht, der den Unterdrückten eine Stimme gibt, und Germaine Greer, die Frauen ein neues Selbstbewusstsein vermitteln will.

Liebe, Sex und Partnerschaft

Wenn Wassermänner schon normalerweise immer auf dem Sprung sind, abheben wollen, nach den Sternen greifen, wie verhalten sie sich diesbezüglich dann erst in der Liebe? Nun, begehren sie jemanden, werden sie Kinder und Götter zugleich. Dann läuft die ganze Angelegenheit nur noch in begrifflichen Kategorien wie »grandios, kolossal, sensationell, megatoll, unsterblich …«.

Ich kenne zum Beispiel einen Wassermann, der mich jedes Jahr mehrere Male aufsucht. Bei seiner ersten Sitzung war er gerade frisch verliebt und schwärmte in den allerhöchsten Tönen von seiner Herzdame. Da sich dieser Zustand mindestens einmal jährlich wiederholt, muss er seine Begeisterung über seine jeweils neue Liebe immer mehr steigern: »Ich weiß, was Sie denken, aber diesmal ist es wirklich die Richtige. Ich spüre es, sie ist es, wir gehören zusammen, ich denke dieses Mal sogar ans Heiraten.« Er möchte dann wissen, ob sie denn auch aufgrund ihrer Horoskope so gut zusammenpassten.

Mir ist klar, dass nun all meine Versuche einer kritischen und behutsamen Reflexion für die Katz sind: Wenn mein Wassermann verliebt ist, hört er einfach nicht mehr zu.

Genauso regelmäßig, etwa ein halbes Jahr später, ruft mich dann derselbe, allerdings völlig veränderte Wassermann an: deprimiert, geschafft, verzweifelt, zerschlagen: »Sie hat mich verlassen, ich schaffe es nicht, dieses Mal ist es wirklich das Ende …!« Ich versuche dann, ihn wiederaufzurichten, und alle seine Freunde reden ihm gut zu.

Schließlich kommt die dritte Phase: »Also diese Frau … unmöglich, keine Manieren, eine Katastrophe; die gehört in die Klapse, die muss man doch aus dem Verkehr ziehen …! Wie kann man bloß auf so 'ne Frau stehen …?« Wen er damit meint? Seine frühere Geliebte natürlich, für die er seinerzeit nicht genug hatte schwärmen können! Jetzt, nachdem der Verlust verkraftet ist, hat er nur noch Verachtung für sie übrig.

»Typisch Wassermann« ist an diesem Verhalten der extreme Wechsel von »ganz hoch« nach »ganz unten«. Ich glaube nicht, dass es etwas Euphorischeres gibt als die Liebe eines Wassermanns. Aber ich denke auch, es gibt nichts Hässlicheres als die Szenen mit ihm nach einer gescheiterten Beziehung. So sind eben die typischen Luftzeichen. Was ihnen abgeht, ist Kontinuität, die Mitte. Bei Wasser- und Erdzeichen ist die Liebe niemals derartig grandios, aber dafür hält sich nach dem Ende der Partnerschaft auch der Hass in Grenzen. Gerechtigkeitshalber muss allerdings angeführt werden, dass es sich bei diesem Hass nicht um einen beständigen handelt. Er verschwindet eher früher als später genauso, wie der großartige Liebesrausch dahinging, und was schließlich bleibt, ist häufig eine sehr angenehme Freundschaft – und die kann dann ein Leben lang bestehen bleiben.

Ebenso muss angemerkt werden, dass Wassermänner fair sind. Niemals würden sie einem Menschen wirklich übel mitspielen wollen. Aber sie verfügen nur über eine ganz dünne, luftige und durchlässige Schutzschicht. Man trifft bei einem Wassermann ganz schnell den Nerv – und dann »schlägt er um sich«, vergisst seine außergewöhnliche Kinderstube, seinen Charme, seine heitere Lebensart.

Gefühle und Leidenschaften berühren die Wassermänner zwar, aber wühlen sie niemals so stark auf, wie dies zum Beispiel bei den Wasserzeichen Krebs, Skorpion oder Fische der Fall ist. Deswegen erfreuen sich Wassermänner meist einer inneren Harmonie und Heiterkeit, obwohl sie im Grunde ihres Wesens ziemlich unsicher und sogar eher ängstlich sind. Sie bewahren auch stets eine gewisse Distanz zu ihren Gefühlen und analysieren sie beinah wie etwas Fremdes, nicht zu ihnen Gehörendes (»Mein Bauch sagt mir jetzt, dass ich ziemlich sauer bin ...«). Das bedeutet keinesfalls, dass sie kühl oder gefühllos wären. Sie erlauben sich alles. Aber der Dirigent all ihrer Gefühle und Stimmungen ist ihr Geist – und nicht irgendein reflexives, vegetatives Nervensystem!

Wie jedes Luftzeichen findet auch dieses leicht Kontakt und damit einen Partner. Ein Solo- oder Single-Wassermann sendet durch jede Pore seines Körpers Signale aus: »Ich bin frei, ich bin zu haben, ich habe Lust; wenn du auch Lust hast, lass uns doch etwas zusammen unternehmen ...« Und bei seinem Einfallsreichtum finden sich immer Mittel und Wege, den ersten Schritt so zu machen, dass der/die andere sich nicht verschließt.

Ein Wassermann, der längere Zeit allein ist, folgt einem anderen, ihm vielleicht selbst unbewussten Programm. Hier gibt das Geburtshoroskop womöglich Aufschluss. So kann es zum Beispiel sein, dass ein Wassermann den Mond oder den Aszendenten im Fischezeichen hat und von daher auch dem Wunsch folgen muss, allein zu sein.

Wo trifft man Menschen? Die meisten Beziehungen werden nach meiner Erfahrung immer noch im Beruf gestiftet. Daneben in Sportvereinen und Fitnessstudios. An dritter Stelle bei der Partnerrallye stehen Inserate bzw. Internetforen. Wenn man sich als Wassermanngeborener hier vorstellt, sollten man betonen, dass man ein freiheitsliebender Mensch ist, der Gleichgesinnte sucht. Das hält Kandidaten mit falschen Erwartungen ab und stellt von Anfang an die richtigen Weichen. Aufgrund meiner persönlichen Erfahrungen möchte ich allen Wassermännern allerdings Mut machen und ihnen sagen, dass sie auch ohne Inserat keine Probleme haben werden, den Menschen zu finden, mit dem sie in der nächsten Zeit glücklich sein werden.

Mehr zur Unterhaltung denn als Anregung gedacht ist das folgende aufschlussreiche Inserat eines typischen weiblichen Wassermanns, das ich in einer amerikanischen Zeitung gefunden habe: »Suchst du ein weibliches Wesen, das Mondspaziergänge liebt, gern am Wein nippt und Candlelight-Dinner vor einem offenen Kaminfeuer mag? Dann in drei Teufels Namen vergiss mich! Mit mir kannst du nachts durch die Innenstadt brausen und so laut Radio hören, dass überall die Leute empört aus den Fenstern hängen. Mit mir kannst du an der Küste von Madagaskar bei Sturm windsurfen und bei Windstille versuchen, im Dschungel Alligatoren zu kraulen. Wenn du es schaffst, vom Eiffelturm zu spucken, und dabei jemanden triffst, lass ich mir sofort, noch auf dem Turm, ein Kind von dir machen …«

Der Astro-Flirt
Beziehungsfähig ist der Wassermann allemal. In dieser Disziplin bekommt er, wie alle Luftzeichen, sogar eine Eins plus. Wie kein anderer stellt er sich auf sein Gegenüber ein, lässt ihm den Vortritt, ist ein guter Zuhörer, aber genauso auch ein gleichwertiger Partner, ist nie aufdringlich, jedoch keineswegs devot. Sein Charme, sein Witz, sein Wissen, all seine Bekanntschaften, seine Erlebnisse – keine Frage, mit einem Wassermann hat man das Gefühl, überall und immer in der ersten Reihe zu sitzen.

Flirten mit einem Wassermann macht nicht nur Spaß, es bekommt eine neue Dimension. Es erinnert an mittelalterlichen Minnesang, auch wenn der neuzeitliche Held nach dem ersten Kuss unter der Straßen-Neonlampe in einem schicken Wagen davongleitet.
Nehmen wir an, Sie speisen mit einem typischen Wassermann zu Abend. Schon das Lokal, das er vorschlägt, ist ein Hit. Er kennt die besten Weine und Speisen, weiß einen herrlich zu beraten und auf eine Art zu betreuen, die nie peinlich ist. Die Zeit vergeht wie im Flug, Sie kommen in den Genuss der unglaublichen Leichtigkeit des Wassermanns, seines Esprits, seiner Bildung, seiner Weltoffenheit.
O ja, wenn Sie frei sind, wollen Sie mit ihm hinterher ins Bett, und es wird bestimmt eine phantastische Nacht. Mit einem Wassermann gibt es keine bösen Überraschungen und kein schlimmes Erwachen am nächsten Morgen. Sagt man dann: »Ciao, es war wundervoll mit dir – vielleicht bis zu einem anderen Mal …!«, ist alles bestens, und man wird sich an diesen Abend, diese Nacht als einen Lichtpunkt erinnern.
Wie es dann aber weitergeht – falls denn ein entsprechender Wunsch aufgekommen ist –, steht allerdings auf einem ganz anderen Blatt und wird später noch erörtert.

Sind Wassermänner gut im Bett?

Unter sämtlichen Tierkreiszeichen sind Wassermänner, das Thema Sex betreffend, zweifelsohne am freizügigsten, tolerantesten und experimentierfreudigsten. Irgendwelche Tabus existieren für sie nicht. Einzig und allein der Mensch selbst bestimmt, was erlaubt ist und was nicht. Wenn etwas Spaß macht, darf es in den Augen eines Wassermanns nicht verboten sein. Natürlich steht die Achtung des anderen immer an erster Stelle. Es muss *beiden* Spaß machen, das ist die einzige Einschränkung eines Wassermanns. Da werden neue Stellungen ausprobiert, und wenn man's mag, kommt vielleicht noch etwas Sadomasochismus hinzu – immer das gegenseitige Einverständnis vorausgesetzt. Am Rande sämtlicher Tabuthemen darf man sich schon bewegen. Dazu gehört

natürlich auch, dass man seinen sexuellen Phantasien freien Lauf lässt, sie erforscht und uneingeschränkt in die Tat umsetzt.
Das alles klingt unglaublich frei: keine falsche Scham, keine falsche Moral, keine Hemmungen. Dazu passt, dass man unter Wassermännern am meisten Menschen findet, die homosexuell sind und sich dazu bekennen. Warum auch nicht? In den Augen vieler Wassermänner scheint die Unterscheidung in »männlich« und »weiblich« ein Relikt aus der Vergangenheit zu sein: Der äußere Unterschied ist lächerlich klein und könnte ohne weiteres durch eine Operation beseitigt werden. Und einen inneren Unterschied gibt es in ihren Augen sowieso nicht. Also warum nicht einen Mann lieben, wenn man ein Mann ist, oder eine Frau als Frau?
Die große Freiheit des Wassermanns macht aber vielfach auch Angst. Wie ich aus meinen astrotherapeutischen Sitzungen weiß, scheitern zahlreiche Beziehungen mit Wassermännern daran, dass eine sexuelle Freiheit vorausgesetzt wird, die in der Tiefe der Psyche des Partners nicht nachvollzogen werden kann. Spräche man offen darüber, wäre das alles kein Problem. Aber angesichts der aufgeklärten, emanzipierten Art eines Wassermanns getraut sich kaum jemand, mit seinen eigenen Ängsten und Schamgefühlen anzutreten. Eher ziehen sich die Partner dann von den Wassermännern zurück, haben weniger Lust und werden manchmal sogar krank.
Ähnliche Symptome treten aber auch bei den Wassermännern selbst auf, weil sie häufig in sich gespalten sind und mit dem Kopf etwas wollen, was ihre Psyche nicht mitzumachen bereit ist.
Ich will damit sagen, dass das Thema Sexualität auch beim aufgeschlossensten und vorurteilsfreiesten Wassermann ein heißes Eisen bleibt und entsprechend behutsam angefasst werden muss, wenn die Sexualität als Quelle göttlicher Lust nicht versiegen soll.

Sind Wassermänner gute Partner?

Hier also die Fortsetzung des Abschnitts »Astro-Flirt«. Sie erinnern sich, es ging um eine typische erste Nacht mit einem Wassermann, und solange es dabei bleibt, ist alles gut. Aus, vorbei, es war wunderbar!

Aber jetzt einmal angenommen – was bestimmt mit einem Wassermann keine Ausnahme ist –, in dieser ersten Nacht ist mehr passiert: Sie haben sich verliebt und denken an eine Beziehung und Partnerschaft. Sie rufen Ihren Wassermann also an und sagen: »Hallo, Schatz, es war wunderbar, ich würde dich so gern wiedersehen!« Er wird wahrscheinlich antworten: »Ja, ich fand die Nacht auch wahnsinnig. Natürlich, ich will dich auch wiedersehen, ruf doch einfach an, wenn du Zeit hast.«

Es kann aber auch sein, dass der Wassermann Sie zuerst anruft und ein Date mit Ihnen möchte. Sie verabreden sich für kommenden Sonntag. Doch am Freitagabend ruft er Sie noch mal an und sagt, er müsse dieses Wochenende unbedingt etwas mit seinen Freunden unternehmen.

Eine feste Beziehung mit einem typischen Wassermann ist ein schwieriges Unterfangen. Sein Charakter zeigt tatsächlich eine gewisse Ähnlichkeit mit »Luft«; er ist in seinem Wesen transparent, scheint sich anderen gegenüber sehr leicht zu öffnen und löst sich dennoch, wenn man ihn einmal wirklich packen will, wie Luft ins Undefinierbare auf. Mit anderen Worten, ein Wassermann gibt seinem Partner nicht so leicht das Gefühl, dass man sich auf ihn verlassen kann. Da ist sein Beruf, der eigentlich immer vorgeht. Schließlich könnte er ja gerade an etwas arbeiten, was der ganzen Welt zugute kommt (ja, Wassermänner sind sehr überzeugt von sich und ihrem Tun). Muss da die Liebe nicht warten können? Und da sind seine Freunde, die einem Wassermann allemal mindestens genauso wichtig sind wie seine Liebesbeziehung – dass er seinen Freundesclan wie seine Familie betrachtet und zuweilen mit ihm richtiggehend verheiratet oder liiert zu sein scheint, das muss man als sein Partner in Kauf nehmen.

Letzten Endes kommt für den typischen Wassermann eine feste Beziehung oder gar eine Ehe einer Festlegung und Bindung, einem Rückfall in die Vergangenheit gleich. Alles Feste, Starre, Geregelte lehnt er zutiefst ab. Eine Liebe, der man sich durch Regeln und Absprachen vergewissern muss, ist in seinen Augen keine wirkliche Liebe. Wenn ein Wassermann heiratet, so wird das immer ein

Zugeständnis an seinen Partner sein, er selbst könnte ohne weiteres darauf verzichten. Ja, im Grunde seines Herzens ist er davon überzeugt, dass eine Fixierung durch Heirat der Liebe sogar abträglich ist.

Sind Wassermänner dann überhaupt bindungsfähig? Also, die Welt ist voller liierter und verheirateter Wassermänner. Auch in der Statistik von Gunter Sachs *(Die Akte Astrologie)* tritt eindeutig zutage, dass Wassermänner irgendwo in der Mitte liegen, wenn es ums Heiraten geht. Die Frage ist viel eher die, ob man sich selbst einen Gefallen tut und das Liebesverhältnis mit einem Wassermann nicht eher beeinträchtigt, indem man heiratet. Auf keinen Fall sollte man irgendeinen Druck auf ihn ausüben. Im Gegenteil, ein Wassermann ist so lange interessiert, wie der Schimmer der Freiheit glimmt. Er ist ein Vogel, der lieber fliegt, als auf der Erde zu sitzen. Trotzdem hat er gern ein Nest. Und wenn darin jemand auf ihn wartet, der für ihn da ist, ihn aber niemals am Wegfliegen hindert, kehrt er bestimmt immer wieder in dieses Nest zurück.

So hält man Wassermänner bei guter Laune

Fangen wir einmal damit an, zu sagen, wie Sie dem Wassermann die Laune gründlich verderben könnten: Kritteln Sie an ihm herum, seien Sie grantig, unwirsch, beleidigt, machen Sie ihm Vorwürfe, dass er zu wenig auf Sie eingeht, zu lieb- und treulos ist – und Sie haben nicht nur einen schlechtgelaunten Wassermann, sondern bald überhaupt keinen mehr. Harte Kritik, Vorwürfe, Ablehnung – alles kann er hinnehmen, aber es muss Schluss sein, nachdem es ausgesprochen ist, und darf nicht dahin gehend ausarten, dass Sie etwa ständig mit einem vorwurfsvollen Gesicht herumlaufen. Schwamm drüber! Gegessen! Das sind seine Lieblingsworte.

Gut, kommen wir jetzt zu dem, was der Wassermann mag. An erster Stelle stehen Überraschungen. Egal, was, wenn es nur nicht geplant ist – der Wassermann gerät aus dem Häuschen. Sie könnten einen Test machen (ich habe ihn schon mehr oder weniger ausgeführt): Würden Sie um drei Uhr morgens bei allen zwölf

Tierkreiszeichen, guten Freunden, anrufen und zum Beispiel sagen, dass Sie gerade ganz stark an den jeweiligen Freund gedacht hätten und wissen wollten, ob es umgekehrt – könnte ja sein – genauso wäre, außerdem hätten Sie auch noch ein nettes Fläschchen Wein, das man bei der Gelegenheit ja jetzt zusammen trinken könnte ... Ich wette, der Wassermann wird der Einzige sein, der nicht beleidigt auflegt (Stier, Krebs, Skorpion), sich entschuldigt – »Sonst gern ...!« –, weil am nächsten Tag so viel zu tun sei (Jungfrau, Schütze, Fische), nichts versteht und wieder auflegt (Löwe), die Freundschaft aufkündigt (Steinbock) oder nicht schon mit jemand anderem feiert (Zwillinge, Widder und Waage)!

Womit Sie einen Wassermann noch über alle Maßen glücklich machen können, ist, ihn mit Großzügigkeit, Pomp und einem gewissen Kult zu verwöhnen. Irgendwie ist er ja ein Snob, auf der Höhe des Zeitgeists, eine(r) aus der Schickeria, der High Society ... Jeden, der ihm auch nur den Hauch der großen weiten Welt präsentiert, schließt er in sein Herz, entlockt ihm Begeisterungsstürme oder – wie er es nennen würde – Standing Ovations ...

Auch Herzlichkeit und Natürlichkeit machen ihn selig. Sein ganzes Dasein ist letztlich ein ewiger Kampf gegen das Alltägliche, Normale, Biedere und Einfache. Und trotzdem, oder gerade deswegen, haut es ihn schlichtweg um, wenn jemand daherkommt und ehrlich, ganz einfach und natürlich zu ihm sagt: »Ich hab dich lieb!«

Schließlich doch noch eine Warnung – und nur an die Leser*innen* gerichtet: Versuchen Sie Ihren Wassermann nie über ein Kind zu angeln. Das mag vielleicht bei den Wasserzeichen Krebs, Skorpion und Fische klappen. Ein Wassermann ist in einem solchen Fall schneller auf und davon, als Sie bis drei zählen können.

Über die Treue des Wassermanns

Ist der Wassermann treu? »Was für eine Frage!«, wird er antworten. »Meine Liebe zu dir ist so groß wie der Sternenhimmel, du bist meine Luft zum Atmen, du bist alles für mich ... Wie kannst du mich nur so etwas fragen?« Sie verstehen schon: Er ist Ihrer

Frage elegant ausgewichen. Er hat Ihnen Sand in die Augen gestreut, aber so charmant, dass Sie ihm verzeihen können. Nein, ich will damit beileibe nicht sagen, dass er ein kleiner Hallodri oder gar Schwindler ist. Niemals! Sowenig er irgendwelche Beschränkungen seiner Freiheit, seines Denkens und seiner Lust akzeptiert, so hoch ist seine Ethik entwickelt. Der Wassermann mag unendlich übertreiben, er mag Geschichten erfinden, damit das Leben spannender und interessanter wird, doch er lügt nicht. Unwahrheit verachtet er. Aber er hat nicht gesagt, dass er treu sein wird. Er kann es auch nicht sagen, denn das wäre für ihn als Wassermann eine Bankrotterklärung.
Besser, man insistiert nicht auf dieser Frage. Man treibt ihn damit nur in die Enge, und am Schluss sagt er dann Dinge, die er eigentlich gar nicht so meint.
Nun gut, er behauptet nicht, dass er treu ist. Ist er es aber? Die Antwort fällt nicht leicht. Auf der einen Seite ist der Wassermann ein Mensch, der im Vergleich mit den übrigen Vertretern des Tierkreises am verantwortlichsten mit Freiheit umgeht. Die anderen Zeichen werden, wenn die Gelegenheit zum Seitensprung da ist, sie wohl auch wahrnehmen. Nicht so der Wassermann. Aufgrund seiner hohen Ethik steht er zu seiner Liebe, weil er fühlt, dass eine solche Eskapade den Partner schmerzen und verletzen würde.
Die folgende Geschichte ist ein bezeichnendes Beispiel für Wassermanntreue: Ein Wassermann, seine Freundin und ein befreundetes Paar waren zusammen in Griechenland im Urlaub. Bei der Rückreise passierte ein Missgeschick, das dazu führte, dass er und die Frau seines Freundes das Flugzeug versäumten und, da Hochsaison war, fünf Tage lang gemeinsam in einem Hotel auf den nächsten Flieger warten mussten. Es gab nur noch ein einziges, romantisches Doppelzimmer am Meer, wie geschaffen für eine amüsante, süße Verlängerung des Urlaubs, und sie hatten fünf Tage und Nächte für sich. Die Frau sah verführerisch aus, und er war ein typischer Wassermann: charmant, zuvorkommend, sexy, witzig. Was geschah? Nichts! Und das war eindeutig der Standhaftigkeit des Wassermanns zu verdanken. Denn die Frau, eine Zwil-

lingepersönlichkeit, war schon am zweiten Abend nach dem dritten Glas Retsina dazu bereit, auf die andere Hälfte des Doppelbetts zu schlüpfen.

Man muss sich also über die Treue eines Wassermanns vielleicht weniger Gedanken machen als über diejenige anderer Tierkreiszeichen. Doch ein Wassermann befindet sich auch immer auf der Suche nach noch mehr Freiheit. Das heißt, dass er in dem Maße nach anderen Partnern Ausschau hält, wie der eigene anfängt, ihn zu gängeln und zu beengen …

Das Eifersuchtsbarometer

Der Traum von grenzenloser Freiheit mit einem Partner an der Seite, der Freundschaft und Halt gibt – mit einem Wassermann könnte er Wahrheit werden. Doch strapazieren Sie diese Freiheit niemals über! Ihr so kühl und distanziert wirkender Wassermann bemerkt es und ist sehr wohl eifersüchtig. Wird sein Zornesausbruch auch nicht von solcher Urgewalt sein wie bei einem Widder, so sind sein beißender Zynismus und seine Ironie auch nicht leicht zu ertragen.

Und wenn Sie ihn anschwindeln, um auf solche Weise eine Szene zu vermeiden, liest er es in Ihren Augen. Er steht dem Skorpion in puncto »Hellsichtigkeit« nämlich in nichts nach und ist auch genauso unnachgiebig wie dieser. Da er selbst im Grunde seines Herzens aufrichtig ist, verabscheut er Lügen. Sie passen nicht zu seinen hohen ethischen Vorstellungen, zu seinem idealistischen Weltbild; und ein Partner, der ihm auf dem Weg in eine bessere Welt nicht folgen kann, passt langfristig auch nicht zu ihm.

Wie gut Wassermänner allein sein können

Ob Wassermänner gut allein sein können, ist in 99 von hundert Fällen eine rein theoretische Frage. Denn ein typischer Wassermann ist fast nie allein. Er hat ein Heer von Freunden, er braucht nur aus dem Haus zu gehen, schon grüßt ihn jemand und lädt ihn auf einen Drink oder eine Tasse Kaffee ein, und wenn er in seine Stammkneipe geht, nennt er fast jeden Zweiten seinen »besten

Freund«. Er arbeitet grundsätzlich im Team. Und verreist er, trifft er »zufällig« einen Menschen, der jemanden kennt, mit dem wiederum er bekannt ist – und schon befindet man sich mitten im Gespräch.

Nein, ein Wassermann ohne viel Menschen in seiner nächsten Umgebung ist die Ausnahme. Diejenigen Wassermänner, die allein sind, haben irgendeinen ganz anderen Aszendenten, oder ihr Mond steht in einem völlig widersprechenden Zeichen. Aber der Wassermann ist auch kein »Herdentier«, eine solche Behauptung würde er entrüstet von sich weisen. Er ist ein ausgeprägter Individualist, kein Vereinsmeier, eher der Typ Clubmitglied der feinen (englischen) Art ...

Weibliche Wassermänner auf dem Prüfstand

Haben Sie eine typische Wassermannfrau erobert? Herzlichen Glückwunsch! Sie haben eine Freundin, eine Frau, eine Geliebte, eine Mutter, eine Tochter, vor allem aber einen tollen Kumpel gefunden. Und weil Sie so viel bekommen, dürfen Sie jetzt nicht den Fehler machen und eine der »Rollen« herauspicken und ausschließlich beanspruchen.

Zum Beispiel wäre es ganz bestimmt das Ende Ihrer soeben begonnenen Liebe, wenn Sie gleich daran dächten, diese Frau zu heiraten oder hauptsächlich als zukünftige Mutter Ihrer Kinder in Erwägung zu ziehen. Nicht, dass dies ausgeschlossen wäre, aber Ihre Wassermanngeliebte huldigt sehr wahrscheinlich dem Motto, dass Liebe nur so lange schön ist, wie sie zwischen freien Menschen geschieht. Sie ist sicher, die Liebe ihrer Eltern scheiterte daran, dass sie geheiratet hatten – und diese Erfahrung möchte sie sich und Ihnen ersparen.

Und Kinder? Die Hälfte aller Wassermannfrauen will keine eigenen Kinder. Sie könnten jederzeit ein Kind adoptieren, aber ein eigenes mit den Konsequenzen dicker Bauch, dicke Brüste, Stillen ...? Ist das nicht alles furchtbar antiquiert? Die andere Hälfte der Wassermannfrauen sieht das etwas ungezwungener. Aber richtig begeistert sind wohl die allerwenigsten (und die haben bestimmt

den Mond oder den Aszendenten im Zeichen Krebs oder auch Skorpion). Nichts aber ist ein für alle Male fest für eine Wassermannfrau. Vielleicht sagt sie eines Tages von selbst: »So, jetzt will ich ein Kind mit dir!«
Also, vergessen Sie nie, dass diese Frau viele Rollen beherrscht. Erwarten Sie auch nicht, dass sie immer dieses tolle Weib bleibt, als das Sie sie kennenlernten. Sagen Sie ihr nie einen Satz wie: »Mein Gott, warst du scharf, als wir uns kennenlernten; hast du nicht gleich gefragt, wie ich's am liebsten haben wollte? Und jetzt …?« Ja, das war so, und sie hat es gern gemacht, aber nun ist etwas anderes wichtiger. Jetzt ist sie Ihr Kamerad, und Sex spielt eine untergeordnete Rolle. Wundern Sie sich auch nicht, wenn sie den Vamp wieder spielt, wenn Ihre Freunde dabei sind: Sie tut es Ihnen zuliebe.
Was sie von Ihnen erwartet? Dass Sie nie ganz normal werden! Sie bewundert nun mal Außenseiter, Abenteurer, Flugzeugpiloten, Zirkusartisten, Musiker und Poeten. Irgendetwas Derartiges muss auch an Ihnen dran sein, sonst hätte sich diese Frau nicht in Sie verliebt. Also, lassen Sie sich etwas einfallen – oder Sie verlieren sie über kurz oder lang.
Hat sie nicht auch richtig schreckliche Seiten? Na ja, sagen wir mal schrecklich nervige: Eine typische Wassermannfrau ist mit der Zeit beim Sex fürchterlich verkopft, das wird meistens lustig sein, zuweilen aber richtig »abtörnend«. Sie ist ein bisschen gefühlskalt und furchtbar anspruchsvoll. Und sie hat bestimmt das Zeug, um eine gute Kinderbuchautorin zu werden – aber sie wird für ihre eigenen Kinder nicht so viel Zeit haben.

Männliche Wassermänner auf dem Prüfstand

So, jetzt kennen Sie also einen typischen Wassermann und möchten mehr über ihn wissen. Vorneweg gesagt, haben Sie es mit einem Charmeur zu tun. Er verfügt über alle Attribute, denen Frauen so gern erliegen. Insbesondere seine Verspieltheit, seine Leichtigkeit, diese Gabe, im richtigen Moment das Richtige zu sagen, öffnet ihm sämtliche Herzen. Ist er nicht einer der ganz wenigen, die dem grauen Alltag kleine, bunte Glanzlichter aufsetzen können?

Er kümmert sich rührend um Sie, umsorgt Sie wie eine Mutter. Er führt sie aus und zeigt Ihnen die große weite Welt, so, wie Sie es sich immer von Ihrem Vater gewünscht haben. Aber er ist noch viel mehr: ein witziger Eroberer und ein glänzender Unterhalter, der es fertigbringt, verstaubtes Kavalierstum und hochaktuelle Nonchalance miteinander zu verbinden, und im Bett bietet er die einzig erträgliche Mischung aus Softiequalitäten und Machoallüren.

Also, warum in aller Welt sollten Sie sich diesen Kerl nicht sofort schnappen und zum Traualtar führen? Weil Ihnen irgendein inneres Gefühl sagt: »Warte, da stimmt was nicht! Dieser Mensch ist zu perfekt. Wieso ist er überhaupt noch zu haben, wenn er doch so göttlich ist?«

Und mit dieser Einschätzung liegen Sie vollkommen richtig. Der Mann hat Fehler, und es ist besser, Sie kennen sie, bevor es völlig um Sie geschehen ist.

Dieser tolle, selbstbewusste, starke, lebenslustige, erfahrene, erfolgreiche Wassermann wird womöglich sein Leben lang von innerer Unruhe verfolgt, vom Syndrom »Zeitmangel« gepeinigt und dem Schreckgespenst »Hypochondrie« gequält. Ein Wunder sowieso, dass es ihn überhaupt noch gibt bei so vielen Wehwehchen, die ihn plagen. Doch sein möglicherweise ärgster Fehler ist die Neigung zu emotionaler Schaumschlägerei. Der Wassermann greift schnell in die Gefühlskiste, und er greift ebenso schnell daneben. Seine Liebesschwüre und Leidensbekenntnisse kommen ihm leicht und ungehindert über die Lippen und wirken früher oder später unecht und unnatürlich, und vor allem sind sie mit der Zeit einfach Wiederholung. Erstaunlich ist auch die Verwandlung, die Sie mit ihm erleben werden, wenn einmal der Rausch des Verliebtseins vorüber ist: vorbei die erotischen Höhenflüge, die kreativen Lust- und Liebesbeweise! Im sicheren Ehehafen gelandet, genießt die Partnerin des Wassermanns genauso viel bzw. wenig Aufmerksamkeit und Wertschätzung wie jede x-beliebige Frau: Sie dient vor allem zur

Verewigung seiner Erbmasse und als ruhender Pol im aufregenden und aufreibenden Leben des Vielumworbenen. Denn die Frauen werden ihn auch weiterhin »umschwirr'n wie Motten das Licht« – selbst wenn sie entdeckt haben, dass er ein Illusionskünstler ist, der (das hat mir einmal die Ehefrau eines Wassermanns gesagt, und ich muss hinzufügen, dass sie es eher witzig gemeint hat) »alles im Schaufenster und nichts im Laden hat«. Eine 180-Grad-Wendung also, die jede Frau vor ein Rätsel stellt. Steckt im Wasser- am Ende doch ein Biedermann?

Natürlich, auch, wie sollte es anders sein? Viel Licht wirft allemal viel Schatten! Eine Frau, die den »tollen« Wassermann liebt, muss auch den »biederen« Teil mitnehmen, als Kehrseite der Medaille sozusagen. Und sie darf »ihren« Wassermann dann auch nicht ständig an seiner Schokoladenseite messen; das wäre wirklich ungerecht.

Davon abgesehen handelt es sich hier um eine idealtypische Beschreibung. Beim *wirklichen* Wassermann ist bestimmt weder die eine noch die andere Seite so deutlich ausgeprägt.

Last, not least: Ist das »Hokuspokus« eines Wassermanns nicht immer noch amüsanter als die langweilige Wahrheit phantasieloser Realisten …? – Sie haben die Wahl!

Wie klappt's mit den anderen Sternzeichen?

Sich zu kennen ist erst die eine Hälfte des Wegs zum Glück. Die andere Strecke muss auch noch zurückgelegt werden. Dabei geht es darum, seine Mitmenschen, besonders den Partner – das »Du« –, zu erforschen. Erst wenn man beides kennt, sein »Ich« und sein »Du«, verfügt man über die Voraussetzungen für eine funktionierende Beziehung und ein befriedigendes Liebesleben.

Mit jedem Vertreter des Zodiaks erwartet einen etwas anderes. Man selbst bleibt zwar immer der oder die Gleiche. Aber weil das Gegenüber wechselt, verhält man sich anders, je nachdem, um welches Tierkreiszeichen es sich handelt.

In der Astrologie sind nun bestimmte Erkenntnisse und Regeln zusammengestellt, die dabei helfen können, mit den verschiedenen potenziellen Partnern besser umzugehen, gemeinsam mehr

Spaß zu haben, Konflikte zu vermeiden, erfüllter zu lieben und zu leben und länger zusammenzubleiben.

Zuvor ist jedoch noch etwas Grundsätzliches zu sagen: Viele Menschen haben den Eindruck, der Sternenkunde zufolge gäbe es Kombinationen, die gut funktionieren, und andere, die »floppen«. Das ist so falsch. Es gibt keine Verbindung, die unmöglich ist. Mit anderen Worten, als Wassermanngeborener kann man mit allen, egal, ob Widder, Löwe oder Wassermann. Allerdings verlangt jede Partnerschaft einen bestimmten »Preis«. Bei manchen Kombinationen heißt der Preis Ruhe oder Entspannung, bei anderen braucht man vielleicht mehr Zeit. Auch ist es von Fall zu Fall möglich, dass man mit einem bestimmten Partner in eine Krise gerät und dann etwas unternehmen muss, um sie gemeinsam zu bewältigen. Es gibt keine Beziehung, die nur positiv ist. Es gibt allerdings solche, die bequemer sind als andere. Wer aber will entscheiden, ob Bequemlichkeit in jedem Fall ein erstrebenswertes Gut ist?

Die Astrologie kann dabei helfen, ein erfülltes Leben in der Partnerschaft zu finden. Doch der Mensch verliebt sich – dem Himmel sei Dank – mit dem Herzen. Das Herz ist allemal stärker als irgendwelche Prinzipien, die unter Umständen sogar noch dogmatisch ausgelegt werden. Deswegen sollte man im Zweifelsfall immer auf seine eigene innere Stimme hören, damit nicht aus einer guten Sache, die die Astrologie ja nun mal ist, für Einzelne ein Hindernis auf ihrem Weg zum Glück wird.

Gegensätze ziehen sich an: Wassermann und Löwe

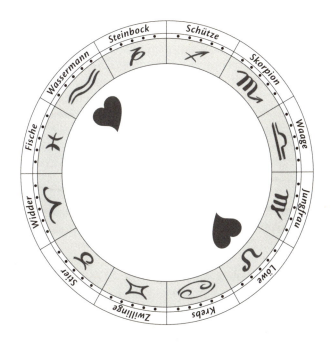

Zwischen dem Wassermann und Löwen, seinem Gegenzeichen (man nennt es auch »Oppositionszeichen«), liegt im Tierkreis die größtmögliche Distanz. Das bedeutet symbolisch, dass zwischen beiden der größte Unterschied besteht. Kein Vertreter des Zodiaks unterscheidet sich stärker von einem Wassermann als der Löwe. Von daher könnte man annehmen, Wassermanngeborene hätten mit solchen Menschen wenig zu tun. Aber das ist ein Irrtum. Der Astrologie zufolge sind zwei sich gegenüberliegende Zeichen zwar so verschieden wie Plus und Minus, aber sie ziehen sich auch an wie der positive und der negative Pol eines elektromagnetischen Feldes. Es fließt also sofort »Strom«, wenn sich Wassermann und Löwe begegnen.

Es ist ungefähr so, als würde man auf einer Reise in ein weit entferntes Land Menschen treffen, die zwar völlig anders sind als man selbst, die einen aber faszinieren, interessieren und anziehen – als kennte man sie aus irgendeiner fernen Zeit genau.

Der Kosmos »will« eben, dass man sich nicht in sein Ebenbild, sondern in seine Ergänzung verliebt. Letztlich sind ja auch Mann und Frau verschieden, und just aus dieser Verschiedenheit heraus erwächst die unwahrscheinliche Spannung, die Gefühle weckt, welche stärker sein können als alles andere auf der Welt.

»Du hast alles, was mir fehlt …!« Das ist die richtige Einstellung zu seinem Gegenzeichen – und: »Zusammen sind wir ganz, so wie zwei Kreishälften einen vollständigen Kreis bilden.« Wassermänner, die Löwen gegenüber eine grundsätzliche Ablehnung hegen, sollten sich dieses astrologische Gesetz der Liebe immer wieder vor Augen halten und in sich hineinspüren. Ganz sicher finden sie eine Resonanz, ein Gefühl von Neugierde und tiefem Interesse, das sie bisher vielleicht nur noch nicht wahrgenommen haben.

Was die Sterne über Wassermann und Löwe sagen

Sie stoßen sich ab, und sie ziehen sich an – dieses Wechselspiel zwischen Sympathie und Antipathie ist nicht leicht. Aber letztlich überwiegt immer wieder die kolossale Attraktion.

Der Löwe ist selbstbewusst, ichbezogen, entscheidet »aus dem Bauch heraus« und lebt nach seinem Herzen. Der Wassermann orientiert sich an seinen Vorstellungen und Idealen und kreiert die dazu passenden Stimmungen. Der Löwe fühlt sich als König, als archaische Führerfigur, der Wassermann sieht sich gleichgestellt mit all jenen, die so sind wie er. Der geistig orientierte und eher kühle Wassermann sucht und braucht die wärmende Löwesonne und diesen Glanz, der ihn erhebt und lebendiger werden lässt. Er würde sich in seinen Traumwelten verlieren ohne das Feuer des Löwen, es fehlte ihm das Herz. Auf der anderen Seite braucht der Löwe die große, weite Welt des Wassermanns, seine Erfahrenheit und Offenheit, sonst besteht immer die Gefahr, dass der Löwe in der Enge seiner eigenen Egozentriertheit »erstickt«.

Und ganz nebenbei gleichen die humanistischen Ideale des typischen Wassermanns das überhöhte Selbstbewusstsein des Löwen aus.

Beide können wunderbar zusammen leben, lieben und Karriere machen. Sie besitzen auch ein großes Maß an Toleranz und können so das Gefühl von gegenseitiger Gängelei vermeiden. Das erspart ihnen natürlich nicht die Eifersucht, aber instinktiv wissen sie auch, dass sie jeweils der Idealtyp des anderen sind.

Das kleine Liebesgeheimnis

Gegensätze ziehen sich an. Und was am weitesten voneinander entfernt liegt, kann sich auch am nächsten liegen. Liebe ist gerade die goldene Brücke zwischen Gegensätzen. Sie macht uns ganz, weil sie das bringt, was uns selbst fehlt. In der Astrologie heißt es (und dies ist die Botschaft aller esoterischen Lehren), dass jedes Singuläre und Vereinzelte das Bestreben hat, ganz zu werden. Dieser Wunsch kann umso größer sein, je mehr sich der eine Mensch vom jeweils anderen unterscheidet. Und entsprechend stärker ist die Liebe.

Das gilt in besonderer Weise für eine Beziehung zwischen Wassermann und Löwe. Aber das ist auch eine generelle Gesetzmäßigkeit. Denn jeder andere Mensch, gleich welchen Tierkreiszeichens, wird in irgendeiner Hinsicht ganz anders sein als Sie. Wenn Ihre Herzdame oder Ihr Herzbube ein Löwegeborener ist, sollten Sie diese Verschiedenheit also nicht von vornherein als Störung und Hindernis betrachten, sondern als Chance, noch tiefer, noch umfassender zu lieben.

Knapp vorbei ist auch daneben:
Wassermann und Krebs · Wassermann und Jungfrau

In diesem Abschnitt geht es um die Beziehung zu zwei Zeichen, die unmittelbar neben dem Gegenzeichen, dem Löwen, liegen: um Krebs und Jungfrau. Diese beiden befinden sich ebenfalls sehr weit vom Zeichen Wassermann entfernt.

Man sollte also annehmen, auch zwischen Wassermann und Krebs einerseits und Wassermann und Jungfrau andererseits existiere eine ähnliche »Anziehung und Abstoßung«. Aber wieder hat die Astrologie eine Überraschung parat: Diese Beziehungen sind schwierig und funktionieren nur unter Vorbehalt. Die Ursache liegt in der unterschiedlichen Grundstimmung. Wassermann ist, was das Element betrifft, ein Luftzeichen. Jungfrau ist ein Erd- und Krebs ein Wasserzeichen. Zwischen Luft einerseits und Erde bzw. Wasser andererseits bestehen schwerwiegende Differenzen des Erlebens und Verhaltens. Man kann sich das wieder ungefähr so vorstellen, als begegnete man auf einer Reise in ein fernes Land Menschen, die völlig anders sind als man selbst. Aber dieses Andere empfindet man zunächst nicht als reizvoll, anziehend und aufregend, sondern es erweckt erst einmal Vorbehalte und stößt auf Ablehnung. Mit einem Wort, man ist sich fremd und findet auf Anhieb keine Möglichkeit, dieses Befremdliche aus dem Weg zu räumen.

Sollte man dann Menschen mit diesen beiden Tierkreiszeichen meiden? Die Antwort lautet natürlich nein. Denn es gibt auch zahlreiche Gründe, die *für* eine Beziehung mit ihnen sprechen. So lernt man im Umgang mit derartig fremden Naturellen in der Regel sehr viel mehr als mit solchen, die einem vertraut sind.

Es kommt auch vor – und dies passiert gar nicht so selten –, dass es das eigene Schicksal zu sein scheint, gerade Menschen zu lieben, die aus einer völlig konträren Welt kommen. Zum Beispiel kann es sein, dass es in der Familiengeschichte schon einmal oder mehrmals ein derartiges Zusammenkommen mit Fremden gegeben hat (Eltern oder Großeltern etwa können ebenfalls eine solche Beziehung gehabt haben, so dass man seine eigene Existenz diesem Wagnis verdankt).

Doch wie auch immer, man muss wissen, dass man hier keine leichte und bequeme Lösung gewählt hat und nicht erwarten kann, dass sich diese Beziehung ohne Probleme gestalten wird.

Was die Sterne über Wassermann und Krebs sagen

Krebse, die sich ihre weiche, gefühlvolle Seite bewahrt haben und nicht gleich »mondsüchtig« sind, setzen den Wassermann restlos in Verzückung. Endlich findet er, was er immer gesucht hat: ein Nest, Geborgenheit, Ruhe und Frieden. Und der Krebs himmelt natürlich einen richtigen Wassermann mit seinen tollen Bekannten und seinen Abenteuern »draußen in der Gesellschaft« an. Er ist für den Krebs wie ein Wesen von einem anderen Stern, das ihn mit der Außenwelt verbindet und in seiner häufig verschlossenen Innenwelt endlich Fenster und Türen öffnet.

Dennoch, in dieser Beziehung sind Krisen beinahe programmiert. Denn der Wassermann ist in der Welt der Ideen zu Hause und scheut sich vor tiefer Emotionalität und festen Bindungen. Wie sein Symbol, der Wasserträger, bewahrt er seine Gefühle (= Wasser) bildlich gesprochen in einem Gefäß und hat eine neutrale und distanziert-analytische Beziehung zu ihnen. Genau das kann einen Krebs wahnsinnig machen, der »aus dem Bauch heraus« handelt, ja, Gefühle *lebt*. Außerdem hat der Krebs keine Lust, als Start- und-Landebahn für die Abenteuer des Wassermanns missbraucht zu werden. Dem Wassermann ist auf der anderen Seite der Krebs höchst suspekt: ein Wesen, das mit dem Mond geht, das Kinder möchte, das sich von Gefühlen leiten lässt – wie unzeitgemäß …!
Es braucht also sehr viel Toleranz und noch mehr gegenseitige Liebe, damit beide die Art des jeweils anderen nicht als Lieblosigkeit oder gar als Bedrohung erleben, sondern als eine Eigenart, die ihre Schönheit hat. Dann kann der Krebs vom Wassermann lernen, sich nicht immer sofort mit jeder Gefühlsregung zu identifizieren. Umgekehrt lernt der Wassermann von dem Krebs, dass man nicht alles und jedes mit dem Kopf regeln kann.

Was die Sterne über Wassermann und Jungfrau sagen

Einem Wassermann geht sein Bedürfnis nach Freiheit über alles. Es widerstrebt ihm, einer unter vielen zu sein, er ist eigentlich gern etwas Besonderes. Die Jungfrau dagegen möchte ungern auffallen und passt sich daher grundsätzlich eher an.

Wenn ein jeder dem anderen eine Portion von seinen Eigenschaften abgeben könnte, so wäre dies geradezu ideal, doch vermag keiner von beiden lange in den Schuhen des anderen zu laufen. Spannungen sind unvermeidlich, wenn die Jungfrau auf ihrem Ordnungssinn und Planungssoll beharrt und der Wassermann sich vehement weigert, Regeln einzuhalten, die seinem Freiheitssinn zuwiderlaufen.

Es existieren aber ebenso zahlreiche Gemeinsamkeiten. Zwischen beiden kann daher eine wundervolle Partnerschaft entstehen, auch wenn es in der astrologischen Literatur häufig heißt, sie würden nicht zusammenpassen. Es besteht allerdings auch eine große Gefahr: Beide sind keine »Gefühlsbolzen«; und zweimal ein Minus ergibt in diesem Fall kein Plus. Von daher kann sich allmählich eine regelrechte Gefühlskälte einschleichen. Ein gemeinsames Kind könnte dieser Beziehung die emotionale Wärme schenken, die ihr fehlt. Aber die Regel ist eher, dass beide sich gegen ein Kind und für ihre Karriere entscheiden.

Das kleine Liebesgeheimnis

Wenn Sie als Wassermann jemanden kennen oder lieben, dessen Tierkreiszeichen Krebs oder Jungfrau ist, dann sollten Sie sich sagen, dass es bestimmt Gründe gibt, warum Sie gerade diesem Menschen begegnet sind. Lernen Sie von ihm, dass das Fremde kein Hinderungsgrund für eine tiefe Liebe sein muss. Gehen Sie davon aus, dass Sie zusammen einen zwar schwierigen, aber unglaublich interessanten Weg einschlagen können.

Versuchen Sie immer wieder, die Situation mit den Augen dieses anderen Menschen zu betrachten, sie mit seinen Ohren zu hören und mit seinen Gedanken zu erfassen. Lernen Sie dadurch eine Welt kennen und lieben, von der Sie sonst vielleicht kaum je etwas erfahren hätten.

Ein Vertrauter in der Fremde:
Wassermann und Zwillinge · Wassermann und Waage

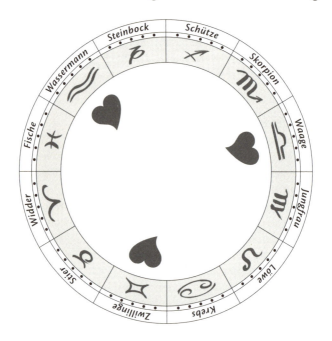

Zwischen dem Tierkreiszeichen Wassermann und den beiden Abschnitten Zwillinge einerseits und Waage andererseits besteht auf dem Zodiak eine relativ große Distanz. Man könnte daher vermuten, dass auch Zwillinge- und Waagegeborene mit einem Wassermann nicht so leicht warm werden und dass eine Liebesbeziehung, wenn überhaupt, nur unter großen Schwierigkeiten und mit zahlreichen Hindernissen möglich ist. Aber nach astrologischen Erkenntnissen verhält es sich genau umgekehrt. Wassermann und Zwillinge bzw. Waage verstehen sich in der Regel auf Anhieb und können ohne weiteres eine lebenslange, erfüllte Beziehung führen. Es ist, als würden wir auf der bereits erwähnten vorgestellten Reise weit in der Ferne plötzlich jemanden treffen, der aus derselben

Stadt kommt und dieselben Menschen kennt wie wir. Man fühlt sich sofort verstanden, hat Gesprächsstoff und ist glücklich, in der Fremde jemandem zu begegnen, der die gleiche Sprache spricht. Das schafft von vornherein Vertrauen, Sicherheit und Nähe.
Der Astrologie zufolge kommen diese Tierkreiszeichen besonders gut miteinander aus und können langjährige Beziehungen eingehen. Ja, es ist eine der klassischen Beziehungen für eine Heirat und Familiengründung.

Was die Sterne über Wassermann und Zwillinge sagen
Die Verbindung von Wassermann und Zwillingen ergibt ein sprühendes Feuerwerk, eine prickelnde Mischung, die an perlenden Champagner erinnert. Der Wassermann findet im Zwillingegeborenen einen Partner, der seinen Vorstellungen entspricht: Er ist unterhaltsam, charmant, vielseitig, aufgeschlossen sowie intellektuell. Und genau das Gleiche empfinden Zwillinge angesichts eines Wassermanns. Doch während Erstere ihre Kontaktfreudigkeit und ihren Wissensdurst wie ein fliegender Schmetterling stillen, der von Blüte zu Blüte fliegt, geht der Wassermann viel elitärer vor und sucht sich seine Kontakte genau aus.
Diese Verhaltensweisen können in einer Beziehung eine gegenseitige Ergänzung bedeuten, das Ganze führt aber häufig auch zu Spannungen: Die festen Lebensmodelle und geistigen Erkenntnisse des Wassermanns werden durch den eher heiteren Zwillingepartner immer wieder in Frage gestellt werden, und das Resultat sind endlose Diskussionen. Der Wassermann neigt obendrein dazu, sich den Zwillingen überlegen zu fühlen (er ist selbstbewusster und weiß, was er will). Das kann dazu führen, dass Zwillinge sich, um sich zu beweisen, bei anderen Sexpartnern »Stärkung« holen. Bei Konflikten ist es daher wichtig, der Frage nachzugehen, wie sehr jeder den anderen achtet und respektiert.

Was die Sterne über Wassermann und Waage sagen
Beide Menschen passen wunderbar zusammen, ergänzen sich, haben das gleiche astrologische Element Luft und sprechen die-

selbe Sprache. Treffen sich zwei typische Vertreter dieser beiden Tierkreiszeichen, werden sie unwiderstehlich voneinander angezogen und können sich wie in einem Rausch ineinander verlieben. Trotzdem wird man allzu viele Beziehungen mit diesen beiden Zeichen nicht finden, einfach deswegen, weil die zweifache Luft zu wenig bodenständig und bindungsfähig macht.

Sie finden sich in der Welt der Ideen. Der Wassermann hat stets neue Konzepte im Kopf für das, was man machen könnte, und bringt seine avantgardistischen Erkenntnisse zuweilen auch recht exzentrisch zum Ausdruck. Die Waage versucht, mit ihrem diplomatischen Geschick zu vermitteln.

Beide Partner brauchen viel Freiraum in der Beziehung. Der Wassermann mag keine Einschränkungen, weil dies seine Zukunftsperspektiven begrenzen würde, und der Waage ist es ein Bedürfnis, ihre zahlreichen freundschaftlichen Bande zu pflegen. Aber sie sind sich in aller Regel treu. Der Wassermann deswegen, weil Romanzen nicht zu ihm passen und es gegen seine hohe Moral verstößt, jemanden zu betrügen und zu verletzen. Die Waage ist treu, weil sie ein so hohes Bild von der Liebe und ihrem/ihrer Geliebten hat.

Das kleine Liebesgeheimnis

Wenn Sie als Wassermanngeborener jemanden kennen oder lieben, dessen Tierkreiszeichen Zwillinge oder Waage ist, dann können Sie sehr glücklich sein. Sie haben einen Menschen an Ihrer Seite, der beides mitbringt: genügend Ähnlichkeit und Übereinstimmung einerseits und ausreichend Unterschiedliches und Fremdes andererseits. Ihre Beziehung wird nicht langweilig und einschläfernd.

Sollten Sie dennoch einmal über Eintönigkeit klagen, dann brauchen Sie nur gemeinsam Ihre Siebensachen zu packen und zu verreisen. Sobald Sie Ihre gewohnte Umgebung verlassen, Grenzen überschreiten, gemeinsam in einem Hotelbett liegen, kommen Liebe und Leidenschaft zurück – und es ist wie am allerersten Tag.

Das verflixte Quadrat:
Wassermann und Stier · Wassermann und Skorpion

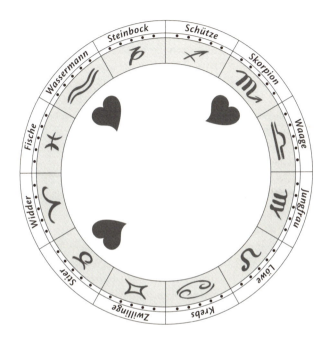

Eine Frau betritt einen Raum, ein Café zum Beispiel, in dem sie noch nie war, was schon von vornherein leicht befremdliche Gefühle und Unsicherheit bei ihr ausgelöst hat. Sie freut sich, da sie einen leeren Tisch sieht, und setzt sich dorthin. Doch dann bemerkt sie aus den Augenwinkeln heraus, dass jemand sie von der Seite anschaut. Sie blickt schnell hoch, doch der (oder die) andere sieht weg. Sobald sie sich aber wieder mit der Speisekarte oder einer Zeitschrift beschäftigt, wiederholt sich das Spiel: Die Frau fühlt sich beobachtet. Dieser Mensch beginnt ihr auf die Nerven zu gehen, aber da ist auch eine gewisse Neugierde, wer denn diese andere Person sein mag. Kennen sie sich vielleicht von irgendwoher? Ob alles auf einer Verwechslung beruht? Oder ob der andere vielleicht schräge Absichten hegt?

Ungefähr so gestaltet sich die Kontaktaufnahme zwischen dem Zeichen Wassermann und jenen, die im Zodiak in einer quadratischen Beziehung (einem Winkel von 90 Grad) zu ihrem Zeichen stehen, also Stier und Skorpion. Es besteht Interesse und Ablehnung zugleich. Man kennt sich, ohne zu wissen, woher. Man ist interessiert und irritiert. Man weiß nicht, ob man bleiben oder gehen soll.

Der Astrologie zufolge sind Beziehungen auf der Basis eines Quadrats sehr schwierig, stehen unter Spannung, erzeugen Konflikte, schaden der Liebe, stören sie, führen zu einer Trennung oder lassen überhaupt keine Bindung zu. Sollte man dann nicht um solche Tierkreiszeichen besser einen weiten Bogen machen?

Das kann man so nicht sagen. Das Herz entscheidet sich, wie wir wissen, manchmal gerade für einen derartigen Partner. Es existieren auch zahlreiche solcher Liebesbeziehungen. Manche halten sogar ein ganzes Leben lang. Aber sie sind nicht einfach. Mit einem Stier- oder Skorpionpartner werden Wassermänner das Gefühl nie richtig los, dass sie sich nicht entspannen, sich nicht völlig gehen lassen können. Ein bisschen sieht immer alles nach Arbeit und nach Problembewältigung aus. Hier soll eine schicksalhafte Aufgabe gelöst werden.

Das ist meist auch der tieferliegende Sinn einer derartigen Beziehung. Man muss etwas lernen, bewältigen, in Ordnung bringen. Es gibt Astrologen, die behaupten, solche Bindungen hätten bereits in einem früheren Leben existiert. Damals aber habe man Fehler gemacht, sich nicht respektiert oder was auch immer. Daher müsse man in diesem Leben wieder zusammenkommen, um etwas gutzumachen. Wer weiß ...?

Sicher ist, dass Wassermänner mit einem Stier- oder Skorpiongeborenen etwas lernen. Sie können auch gar nicht anders, wenn ihre Beziehung Bestand haben soll. Eine derartige Partnerschaft ist sogar vorzüglich dafür geeignet, sich persönlich zu entwickeln, aber auch Karriere zu machen. Unbewusst »schiebt« einen der

Stier- oder Skorpiongeborene sozusagen regelrecht auf der Karriereleiter aufwärts. Es kann genauso gut umgekehrt sein, dass Wassermänner ihren Partner nach oben puschen. Die Karriere bzw. der Beruf ist dann etwas, woran sich die Spannung innerhalb einer »Quadratbeziehung« entladen kann.
Eine andere Möglichkeit ist die, dass Paare mit einer derartigen Tierkreiszeichen-Konstellation Kinder bekommen, die dann (auf positive Weise) ebenfalls als »Spannungslöser« wirken. Auch ein guter Freund oder enger Bekannter, sogar ein Haustier wie ein Hund oder eine Katze können diese Rolle übernehmen.

Was die Sterne über Wassermann und Stier sagen
In der Verbindung zwischen einem Wassermann und einem Stier trifft sich die Welt der geistigen Visionen mit dem bodenständigen Realismus. Und wenn Tradition und Fortschritt in Einklang gebracht werden können, so finden wir hier ein Paar, das sich gerade durch seine spannungsvolle Gegensätzlichkeit sehr viel geben kann.
Aber der Alltag ist schwer! Der Stier ist die Personifizierung des Erdelements: solide, klar, konservativ. Der Wassermann ist die luftigste Ausgeburt des Luftelements: unbestimmt, modern, rege. Man kann sich also vorstellen, wie eine derartige Beziehung im ungünstigsten Fall abläuft: Der Wassermann wirft dem Stier vor, nicht über seinen Tellerrand zu schauen; der Stier wiederum hält den anderen für einen Hans Guckindieluft.
Natürlich ist da auch noch diese ungeheure Sinnlichkeit, die der Stier aus jeder seiner Poren verströmt und die in einem Wassermann Gefühle weckt, die er sonst so selten erlebt. Und ein Wassermann bräuchte auch nichts dringender als die erdige Verbundenheit des Stiers, damit er seine Ideen auch verwirklichen kann. Umgekehrt täte dem Stier etwas Nachhilfeunterricht in flexibler Geisteshaltung wirklich (!) gut.

Was die Sterne über Wassermann und Skorpion sagen

Bei diesem Paar fragt man sich, wer eigentlich mutiger ist: der Wassermann, der sich mit einem Wesen einlässt, das nicht wie er nach dem Licht, sondern nach dem Dunklen trachtet und jedem gegenüber grundsätzlich misstrauisch ist. Oder der Skorpion, der ein möglicherweise geniales, aber völlig verkopftes Wesen liebt. Man merkt's schon, das Ganze sieht nach Dramen, Höllenqualen und einer Wahnsinnsliebe aus. Warum sollten sich zwei derartig widersprüchliche Menschen dann überhaupt zusammentun?

Wahr ist, dass es bei typischen Vertretern dieser beiden Tierkreiszeichen meistens des Sex wegen geschieht. Der Skorpion ist besessen von der Leidenschaft. Der Wassermann liebt exzessives Experimentieren. Wahr ist aber ebenso, dass jeder im anderen seinem eigenen Schatten begegnet. In der leichten, luftigen, verspielten Psyche des Wassermanns lebt nämlich auch ein dunkles, misstrauisches »Tier«. Und der überwiegend der Kultivierung des Schweren nachhängende Skorpion hat natürlich ebenso Seelenanteile eines völlig anderen, luftigen Menschen.

Klar, niemand mag sich ständig mit seinem Schatten herumschlagen. Daher ist diese Verbindung in der Regel auch nicht von Bestand. Die wenigen Menschen, die es schaffen, ihren eigenen Schatten im anderen zu lieben, und daher eine solche Partnerschaft eingehen, finden allerdings etwas Großartiges – eine Beziehung, aus der jeder der beiden einen enormen Gewinn zieht.

Das kleine Liebesgeheimnis

Wenn Sie als Wassermann einen Menschen kennen oder lieben, dessen Tierkreiszeichen Stier oder Skorpion ist, haben Sie einen eher schwierigen Partner gewählt. Aber das muss in gar keiner Weise etwas Negatives sein. Wer will beurteilen, ob Beziehungen immer locker und leicht sein sollen? Lernen wir nicht alle aus dem, was schwierig, problematisch, unangenehm ist? Und das bedeutet ja auch keineswegs, dass Sie mit einem derartigen Partner nicht auch Ihr Glück finden.

Nur Folgendes sollten Sie wissen: Diese Beziehung braucht Kraft und Mut. Sie ist keine Angelegenheit, die so nebenbei läuft. Sie müssen sich immer wieder auseinandersetzen, zueinanderfinden, Ihre Unterschiede betonen und dennoch kompromissbereit sein.

Und Sie dürfen eins niemals vergessen: Sie sind diese Beziehung freiwillig eingegangen, Sie können sie notfalls auch wieder beenden. Es ist Ihre immer wieder neue Entscheidung (und natürlich auch die Ihres Partners), ob Sie zusammenbleiben wollen. Sie müssen sich nicht bis zur Selbsterschöpfung aufreiben.

Gute Freunde und mehr:
Wassermann und Widder · Wassermann und Schütze

Die beiden Tierkreiszeichen Widder und Schütze sind dem Abschnitt Wassermann sehr nah, lediglich ein einziger Abschnitt des Zodiaks liegt jeweils dazwischen. Von daher darf man erwarten, dass es sich bei einem Widder- oder Schützepartner um jemanden handelt, der ähnlich ist, die gleichen Anschauungen hat und so denkt und fühlt wie man selbst. Es ist ungefähr so, als würde man jemanden kennenlernen, der in unmittelbarer Nachbarschaft wohnt, in dieselbe Schule geht oder im selben Betrieb arbeitet. Trotzdem unterscheiden sich diese Menschen von Wassermanngeborenen in einem wesentlichen Punkt: Der Wassermann ist vom Element her Luft; Widder bzw. Schütze jedoch sind Feuerzeichen. Die Elemente Feuer und Luft ergänzen sich gut. Insofern teilen Wassermänner mit solchen Menschen viel Ähnliches und Verwandtes, aber es gibt auch mehr als genügend Unterschiedliches, so dass es sehr reizvoll ist, einander näher kennenzulernen. Und der Astrologie zufolge gehören diese Beziehungen zu den bestmöglichen!

Was die Sterne über Wassermann und Widder sagen
Einem Wassermann gehen seine Freiheit und sein Bedürfnis nach Individualität über alles. Trotzdem ist er treu, schon deswegen, weil romantische Liebesaffären einfach nicht zu seinem Lebensstil passen. Er ist in der Welt der Ideen zu Hause, Gefühle verwirren ihn eher und bringen ihn aus dem Konzept. Freundschaften bedeuten ihm viel, wenn nicht sogar mehr als eine Liebesbeziehung.
Mit einem Widder ergänzt er sich phantastisch! Beide sind ausgesprochen extravertierte Geschöpfe. Ein Zusammentreffen verdoppelt ihre Schubkraft und erlaubt Grenzenloses bei Liebe und Sex, reizt zu geistigen Höhenflügen und kitzelt Exzesse hervor.
Irgendwann ist der Honeymoon allerdings vorüber und »die Luft raus«. Dann trennen sich diejenigen, die süchtig sind nach solchen Partnern, bei denen es wieder genauso funkt und sprüht. Diejenigen, die zusammenbleiben, durchlaufen eine Phase der Angst: Liebt er/sie mich auch, wenn wir nicht auf Wolke sieben schweben? Mit der Zeit entsteht eine Partner- und Freundschaft mit großer Seelentiefe – manchmal für immer!

Was die Sterne über Wassermann und Schütze sagen
Typische Vertreter dieser beiden Tierkreiszeichen bilden ein außergewöhnliches Paar, dem seine Freiheit und Persönlichkeitsentwicklung über alles geht. Von daher zieht man sich zunächst einmal an, weil jeder den anderen so interessant und einmalig findet. Und da jeder hinter der Freizügigkeit und Offenheit des anderen eine mordsmäßige sexuelle Offenheit vermutet, spielt in der Anfangsphase auch das Bett (und all die anderen Orte, an denen ein so extraordinäres und modernes Paar seiner Lust nachgehen könnte) eine zentrale Rolle.

Dann kommen noch der gleiche tolle Geschmack, die Liebe zum Reisen und das große Interesse an dem hinzu, was man »den Zeitgeist« nennt. Wahrlich, eine Liebe zwischen den beiden ist einfach »spitze«.

Wenn es dennoch nicht allzu viele Paare mit dieser Tierkreiszeichen-Konstellation gibt, dann liegt das schlicht und einfach daran, dass beide wohl *zu* freiheitsliebend sind; mit anderen Worten: Man trifft sich zu selten. Bei einem regelmäßigeren Kontakt würde man allerdings dann auch feststellen, dass es mit der »großen Freiheit« des anderen (wie mit der eigenen) nun doch nicht so weit her ist. Wer diese Wahrheit verträgt und konstruktiv in die Partnerschaft integriert, findet allerdings eine Freundschaft und Liebe, die auch »tausend Jahre« halten kann.

Das kleine Liebesgeheimnis

Wenn Sie als Wassermann einen Widder- oder Schützegeborenen kennen, haben Sie einen für Sie idealen Partner gefunden. Sie werden sich prima verstehen, und Sie haben einen Menschen an Ihrer Seite, auf den Sie sich verlassen können. Ihr Partner ist vom Element her Feuer, während Sie selbst ein Luftzeichen sind. Feuer und Luft, so heißt es in der Astrologie, ergänzen sich bestens. Im Alltag werden Sie dies als Fröhlichkeit und Glück erleben.

Gelegentlich aufkommende Langeweile oder Disharmonien können Sie immer aus der Welt schaffen, indem Sie gemeinsam etwas unternehmen. Aber Sie sind Freunde, vergessen Sie das nie! Freunde versuchen sich nicht zu gängeln und auch nicht zu betrügen. Solange Sie diese Spielregel beachten, leben Sie in einer glücklichen Partnerschaft, die durch Kinder noch stabiler und erfüllter werden wird.

(Nicht immer) gute Nachbarn:
Wassermann und Steinbock · Wassermann und Fische

Die beiden Tierkreiszeichen Steinbock und Fische liegen auf dem Zodiak unmittelbar neben dem Wassermannabschnitt. Von daher erwartet man vielleicht, dass man sich – wie es bei »richtigen« Nachbarn auch sein sollte – wunderbar versteht.

Einerseits trifft das sicher zu: Die Kombination von nebeneinanderliegenden Tierkreiszeichen ist tatsächlich häufig, und diese Beziehungen sind oft sehr befriedigend. Beide Partner haben das Gefühl, dass sie zueinander gehören, und fühlen sich, wenn sie sich kennenlernen, sehr schnell vertraut – so als wären sie uralte Bekannte, vielleicht sogar noch mehr, Geschwister zum Beispiel.

Aber das ist nur die eine Seite der Medaille. Wie es bei besagten

»richtigen« Nachbarn oder Geschwistern bekanntermaßen auch vorkommt, entsteht schnell das Gefühl von Konkurrenz, Neid und Eifersucht. Es ist, als müsste sich jeder dem anderen gegenüber behaupten und besser, unabhängiger, liebevoller oder was auch immer sein. Insbesondere die Unterschiede werden dabei zu stark hervorgehoben. Solche Unterschiede bestehen ja in der Tat, aber sie sind etwas ganz Normales. Denn bei einem Wassermann handelt es sich um ein Luftzeichen, während die Nachbarn den Elementen Erde (Steinbock) bzw. Wasser (Fische) zugeordnet sind. Man ringt also um Abgrenzung und Individualität: Bei Geschwistern entwickelt man sich ab einem bestimmten Alter auseinander, aber keineswegs, weil man sich nicht mehr liebt, sondern weil man eigene Wege gehen muss und zu viel Nähe und Vertrautheit einen daran hindern würden. Ähnliches kann in einer Partnerschaft geschehen. Zwei Vertreter von Tierkreiszeichen, die nebeneinanderliegen, können zuweilen sogar recht niederträchtig miteinander umspringen. Hier gilt es, beizeiten zu lernen, sein Bedürfnis nach Abgrenzung auf positive Weise auszuleben. Denn nur dann, wenn man seine Individualität pflegt, ohne den anderen zu diskriminieren, gibt es eine glückliche Zweisamkeit, die Bestand hat.

Was die Sterne über Wassermann und Steinbock sagen

Es gibt Wassermänner, die »total« auf Steinböcke »abfahren«: Der Partner sei so »cool«, zuverlässig, standhaft, sich seiner selbst so sicher. Es gibt aber auch Wassermänner, die die Hände über dem Kopf zusammenschlagen, wenn sie nur in die Nähe eines Steinbocks geraten: zu verschlossen, zu spießig, zu langweilig!
Umgekehrt ist es ähnlich. Für die Hälfte aller Steinböcke verkörpert der Wassermann Eigenschaften, nach denen er schon immer suchte: extravertiert, leicht, luftig, kommunikativ. Die andere Hälfte hält Wassermänner für oberflächlich, naiv und kindisch.
Wie so häufig im Leben gehen sowohl die schwärmerischen als auch die ablehnenden Beurteilungen am Kern vorbei. Wahr ist, dass Wassermänner und Steinböcke nur mühsam zusammen-

kommen, beide sich aber so viel zu geben haben – der eine Erde, der andere Luft –, dass eine Freundschaft oder eine berufliche Beziehung einen großen Gewinn darstellt. In einer Partnerschaft geht es allerdings noch um andere Dinge als darum, voneinander zu lernen und aneinander zu arbeiten, nämlich auch Ausgleich und Entspannung zu finden. Und daran mangelt es diesem Duo.

Was die Sterne über Wassermann und Fische sagen

Typische Wassermänner und waschechte Fische sind sich beinah so ähnlich wie ein Schuh dem anderen – und dennoch so unterschiedlich wie der Himmel und das Meer. Ihre größte Gemeinsamkeit ist, dass sie beide »Weltflüchter« sind.

Den Wassermann zieht es fort vom Durchschnitt, von der Masse, weg von Herrn Jeder- und Frau Biedermann. Sein Ziel: irgendwo in einem Schloss mit Gleichgesinnten zu thronen und einem neuen Egokult zu huldigen. Der Fischegeborene will ebenfalls raus aus der Alltagswelt, aber damit hat sich's auch schon mit der Gemeinsamkeit. Er ist nicht so extravertiert wie der Wassermann, sondern will lieber an irgendeinem Ort unerkannt und unauffällig »vor sich hin dümpeln«. Ein Klosterszenario schwebt seiner sensiblen Seele noch am ehesten vor: unter Brüdern bzw. Schwestern ein einfaches, »egoloses« Leben führen. Der Wassermann glaubt an das Paradies hier und jetzt, der Fischegeborene bestenfalls an eines »danach«.

Lebt man zusammen, wirft man sich im negativen Fall gegenseitig – bewusst oder unbewusst – den »Verrat an der Idee« vor. Der Fischepartner hält den Wassermann für dünkelhaft, der wiederum den anderen für bieder. Kommt man in Liebe zusammen und mischt jeder sein Naturell freiwillig mit dem des anderen, entsteht eine Essenz aus Luft (Wassermann) und Wasser (Fische), die – allerdings auf andere Weise als bei der Wassermann-Zwillinge-Kombination – bestem prickelndem Champagner sehr ähnelt.

Das kleine Liebesgeheimnis

Mit einem Steinbock- oder Fischepartner haben Sie als Wassermann einen wunderbaren Menschen an Ihrer Seite: Seine Welt ist Ihnen vertraut, er ist wie ein guter Bruder oder eine liebevolle Schwester zu Ihnen, er wird auf Sie aufpassen und Ihnen das Gefühl von Geborgenheit schenken – und genauso verhalten Sie sich umgekehrt ihm gegenüber.

Sie müssen aber wissen, dass Sie sich unter Umständen zu nahe sind, weswegen sich Ihre Unterschiede nicht richtig entfalten können. Eine derartige Beziehung geht nur dann gut, wenn Sie sich Ihre natürliche Verschiedenheit zugestehen und trotz Ihrer großen Nähe immer wieder ganz andere Wege gehen. Kultivieren Sie Ihren Unterschied! Lassen Sie nicht zu, dass Sie sich noch ähnlicher werden! Unternehmen Sie immer wieder einmal etwas allein – das hilft Ihrer Liebe.

Wenn es zu Konflikten kommt, ist es wichtig, dass Sie Differenzen herausarbeiten und sie sich auch gegenseitig zugestehen.

Ich liebe ... »mich«: Wassermann und Wassermann

Eine Beziehung zwischen Menschen mit dem gleichen Tierkreiszeichen ist so eine Geschichte für sich. Zum einen hat man seinen »Zwillingsbruder« bzw. seine »Zwillingsschwester« gefunden, und man kennt den anderen wie sich selbst. Man ist sich vertraut, denkt, fühlt, handelt genauso, und das kann wunderschön sein. Manchmal versteht man sich sogar ganz ohne Worte. Beim Thema Sex zum Beispiel scheint der andere genau die Wünsche zu erraten, die man selbst immer träumt.

Auf der anderen Seite kann man sich auch *zu* ähnlich sein. Menschen haben nicht nur ein Bedürfnis nach Nähe, Ähnlichkeit und Verständnis, sondern auch nach Individualisierung, nach Abgrenzung, nach dem Anderssein. Und genau dieses Bedürfnis stört in

Beziehungen mit dem gleichen Tierkreiszeichen normalerweise früher oder später die Liebe. Es kommt dann zu der paradoxen und absurden Situation, dass zwei Menschen, die sich im Grunde eigentlich so gleichen wie ein Ei dem anderen, plötzlich ihre Unterschiede betonen, als kämen sie von zwei verschiedenen Planeten, und sich am Ende überhaupt nicht mehr verstehen.

Wozu sollte man dann eine derartige Beziehung überhaupt eingehen? Nun, wie gesagt hat man ja erstens oft gar keine andere Wahl, weil das Herz (Gott sei Dank!) allemal stärker ist als irgendwelche Theorien. Und zweitens ist eine Beziehung mit einem Menschen desselben Tierkreiszeichens sehr wohl ein Gewinn. Infolge der ständigen Auseinandersetzung mit dem »Doppelgänger« kann man nämlich damit beginnen, seine eigenen Qualitäten stärker zu erleben. Das ist insbesondere für diejenigen wichtig, die ihre Stärken und Schwächen nicht richtig kennen. Genauso bedeutsam ist ein anderer Aspekt: Wer einen Partner mit demselben Tierkreiszeichen liebt, kommt vielleicht auf diesem Weg auch zu der Liebe zu sich selbst.

Was die Sterne über Wassermann und Wassermann sagen
Gäbe es so etwas wie eine Hitparade bei den Tierkreiszeichen-Paaren, stünde diese Kombination auf Platz eins. Zwei Wassermänner passen zusammen wie Deckel und Topf, Milch und Kaffee. Sie teilen ihre Ansichten über das Leben und die Liebe. Sie träumen beide dieselben Träume von einem erfüllten, aufregenden, schicken Leben, haben einen ähnlichen Geschmack, sind gern in (bester) Gesellschaft und mögen (und hassen) dieselben Menschen. Ihre Genialität verdoppelt sich, ebenso ihr Witz und ihr Charme.

Natürlich verdoppeln sich auch Angst und Unsicherheit: Wenn nicht wenigstens einer einen erdigen Mond oder Aszendenten (Stier, Jungfrau, Steinbock) besitzt, fehlt der Halt, die Schwerkraft, die Bleibe, und dieses wunderschöne Paar treibt wohl – leider – unweigerlich auseinander ...

Das kleine Liebesgeheimnis

Eine Beziehung zweier Menschen mit dem gleichen Tierkreiszeichen wird in aller Regel nach einer anfänglichen Phase kolossaler Euphorie mit Schwierigkeiten konfrontiert. Es geht dann darum, das Gemeinsame und das Unterschiedliche auseinanderzuhalten und sich nicht in extremen Positionen zu verlieren. Für eine derartige Beziehung ist es besonders wichtig, Unterschiede wohlwollend zu akzeptieren und sich gegenseitig möglichst viele Freiräume zuzugestehen.

Ganz falsch wäre es allerdings, wenn die Partner versuchten, noch mehr Ähnlichkeiten herzustellen, zum Beispiel indem sie miteinander arbeiten oder jede freie Stunde gemeinsam verbringen.

Der Wassermann und seine Gesundheit

Seit über zweitausend Jahren existiert eine systematische astrologische Gesundheitslehre, und bis weit über das Mittelalter hinaus bedienten sich die meisten Ärzte dieser Systematik, um Krankheiten zu diagnostizieren und zu heilen. Ein guter Arzt war früher immer auch ein Astrologe. Seine Diagnose und Behandlung richtete sich nach den Sternen. Nie wäre einem damaligen Medicus eingefallen, einen Eingriff am Körper vorzunehmen, ohne die Konstellation der Sterne zu konsultieren. Erst im Zusammenhang mit dem in der Einleitung erwähnten Niedergang der Astrologie ab dem 16. bzw. 17. Jahrhundert trennte sich die Medizin von der Astrologie. In jüngster Zeit allerdings beginnen immer mehr ganzheitlich denkende Ärzte, sie wieder mit einzubeziehen, wenn es um Vorbeugung, Diagnose und Behandlung geht – und die Erfolge geben ihnen recht. Dass man zum Beispiel Operationen oder Zahnextraktionen besser bei abnehmendem Mond vornimmt, ist heute eine weitverbreitete Erkenntnis, was nicht nur viele Patienten wissen, sondern auch immer mehr Ärzte berücksichtigen. Ebenso findet die allgemeine astrologische Gesundheitslehre, wonach jedem Sternzeichen bestimmte Krankheitsdispositionen zugeordnet werden, bei immer mehr Menschen Beachtung. Ich bin überzeugt von ihr. Wer sich nach ihr richtet, bleibt länger gesund, jung, dynamisch und unterstützt bei einer Krankheit ohne Zweifel den Genesungsprozess.

Die Schwachstellen von Wassermanngeborenen

Die Astrologie sagt, Wassermanngeborene bekämen im Laufe des Lebens Probleme mit ihrer Sprungkraft. Damit sind sowohl die Sprunggelenke an beiden Füßen gemeint als auch – im übertragenen Sinn – die geistige Sprungkraft, also intellektuelle Wendigkeit, Flexibilität, Veränderungsbereitschaft.

Tatsächlich zeigt die Erfahrung, dass Wassermanngeborene eher als andere Menschen unter Erkrankungen zu leiden haben, die ihre Füße und Sprunggelenke betreffen. Das sind ihre Schwachstellen bzw. – medizinisch-fachsprachlich ausgedrückt – ihre Loci minoris Resistentiae. Allerdings ist das so nicht zutreffend. Denn in Wirklichkeit handelt es sich dabei keineswegs um schwache, sondern sogar um die stärksten Stellen ihres Seins. Da sie generell bevorzugte Medien der Lebensbewältigung sind, werden sie auch entsprechend strapaziert. Wassermänner müssen sich deshalb um ihre Füße und Sprunggelenke besonders kümmern, sie hegen und pflegen. Sie sind ihr größter Schatz.

Wassermänner können natürlich wie alle anderen auch unter den verschiedensten Krankheiten leiden. Ursprung und Ursache einer Erkrankung aber – und das ist der springende Punkt – werden sich immer auf ihre Füße oder Sprunggelenke zurückführen lassen. Hier nimmt jede Krankheit ihren Anfang. Um dies zu verstehen, ist es nötig, tiefer in das Wesen des Wassermanns einzutauchen – sozusagen in sein innerstes Sein.

Menschliche Sprungfedern

Den Füßen mit den Sprunggelenken wohnt eine immense Kraft inne. Mit ihrer Hilfe lassen sich Hindernisse im Sprung überwinden. Ohne die Fähigkeit, springen und sich in die Luft katapultieren zu können, müsste man auf einem schmalen Weg, der von einem Graben unterbrochen wird, umkehren.

Natürlich besitzen diese Fähigkeit auch Tiere. Wenn wir jedoch von der physischen Sprungkraft zur geistigen gehen, überragt der Mensch jedes Tier – und Wassermänner toppen darin wiederum jeden anderen Menschen. Ihr Leben besteht aus fortwährenden geistigen Sprüngen. Von Zeit zu Zeit müssen sie aus der gewohn-

ten Bahn herausspringen, sonst packt sie das Gefühl von Langeweile, Eintönigkeit und Erstarrung.
Ihre geistige Sprungkraft verhilft den Wassermännern zu kolossalen Einsichten und Entdeckungen, und jeder Sprung lässt sie teilhaben am ewigen Schöpfungsprozess der Welten.
Im übertragenen Sinn bilden die Wassermänner so etwas wie das »Sprunggelenk« der Menschheit. Ohne Wassermänner wäre die Welt in der Dämmerung der Vorzeit stehen geblieben. Und den Wassermännern werden wir es einmal zu verdanken haben, dass wir unsere Erde verlassen, um in eine andere Welt zu reisen.
Aber ihr Wirken kostet Kraft – und dies umso mehr, je dumpfer und schwerfälliger ihre Umgebung ist. Wassermänner müssen also einen Weg finden, ihre karmische Aufgabe zu erfüllen, ohne krank zu werden. Sie müssen lernen, wie sie sich besser schützen können. Und das Wichtigste ist: Sie müssen es tun, bevor die ersten Verschleißerscheinungen auftreten.

Vorbeugung und Heilen

Am Anfang jeder vorbeugenden Maßnahme und Heilung steht bewusstes Erkennen. Einsicht veranlasst uns mit der Zeit dazu, eine bestimmte (falsche, ungesunde) Art zu leben in eine bessere, gesündere zu ändern. Einsicht bedeutet aber auch noch mehr. Zwischen Erkenntnis und dem Körper besteht eine Verständigung. Wissen und Einsicht erhalten bzw. bewirken Gesundheit. Allein daran zu denken, dass eine besondere Veranlagung zu bestimmten Erkrankungen besteht, verändert nicht nur das Verhalten, sondern auch die entsprechenden Körperfunktionen.
Einsicht schließt auch ein Verstehen körperlicher und psychosomatischer Zusammenhänge mit ein. Wenn man verstanden hat, wie der Organismus funktioniert, und nachvollziehen kann, wie es zu körperlichen und seelischen Krankheiten kommt, wird jeder verantwortungsbewusste Mensch wacher und gesünder leben.

Der Sprung in die Freiheit

Das Sprunggelenk dient zusammen mit dem Knöchel vor allem der schnellen Fortbewegung und dem Springen. Dass es sich dabei nicht um einen simplen mechanischen Vorgang handelt, merkt man augenblicklich, wenn man einen Menschen sieht, der ein künstliches Bein trägt: Auch er besitzt ein Gelenk, aber sein Gang ist im Vergleich zur Leichtigkeit gesunder Füße respektive Beine ein lahmes Dahinschleppen. Eine Verletzung am Knöchel, ein Waden- oder Schienbeinbruch nimmt uns diese Leichtigkeit, streckt uns nieder.

Will man vom Boden hochhüpfen, ist es das Zusammenspiel zwischen Knöchel, Waden- und Schienbein sowie den entsprechenden Muskelgruppen, das diesen kurzen Flug ermöglicht, jenes vorübergehende Aufheben der Schwerkraft. Schwerelosigkeit gilt in der Astrologie als Symbol für einen besonderen Zustand menschlichen Seins, der in Begriffen wie »Feierlichkeit, Festlichkeit, Freundschaft, Freizeit, Kultur, geistiges Vergnügen« oder »Bildung« ausgedrückt wird. Das Zeichen Wassermann steht für etwas, was dem Menschen nur zu bestimmten Zeiten gegönnt ist, dann nämlich, wenn er seine täglichen Pflichten hinter sich gebracht, seine Arbeit erledigt hat, in Ferien ist oder sich in seinem Club bzw. seinem Verein aufhält. Auch alten Menschen ist dieses besondere Sein erlaubt, weshalb das Älterwerden aus der Sicht der Astrologie absolut keine Last, sondern ein fröhliches Vergnügen darstellt.

Freunde für die Freiheit

Auch Freundschaften gehören zum Themenkreis Wassermann. Anders als Familie oder Sippe und, bedingt, Partnerschaft oder Ehe sind sie Verbindungen, die aus freier Entscheidung eingegangen werden. Man ist weder verwandt, noch handelt es sich um eine erotische Anziehung, die einen fesselt. Eine Freundschaft ist ein freiwilliger Zusammenschluss, der zwar eine Art »Ehrenkodex«, ansonsten jedoch keinerlei gegenseitige Verpflichtungen kennt. Freunde sind Menschen, die einen durch das Leben beglei-

ten und dann und wann dabei unterstützen, der Schwere des Lebens eine Zeitlang zu entkommen. Sie sind Verschworene und Mitstreiter im Kampf um persönliche Freiheit – und damit »wassermännisch«. Der Moment der Schwerelosigkeit, der durch einen Sprung in die Luft erlebt wird, steht symbolisch für Freiheit schlechthin. Damit ist nicht gemeint, sich verantwortungslos außerhalb der Gesellschaft mit ihren Pflichten und Regeln treiben lassen zu können. Freiheit meint einen Raum, einen Zustand, den man sich durch eigene Arbeit und sein Bewusstsein erwirbt. Er ist das schönste Geschenk eines Lebens, weil man sich in diesem (Frei-)Raum nach eigenen Regeln und Vorstellungen bewegen darf.
Wassermänner sehnen sich mehr als andere Sternzeichen nach diesem Freiraum. Und sie sind dafür geschaffen, ihn auch zu finden.

Dabei entwickelt der gesunde und natürlich lebende Wassermann seine Anlagen, ohne sich dabei völlig von der natürlichen Mitte zu entfernen. Er achtet darauf, dass es in seinem Leben genügend Möglichkeiten gibt, seine sprunghafte Seite auszuleben. Er verschreibt sich nicht einem Beruf, der ihm vierzig Jahre und länger immer das Gleiche abverlangt. Überhaupt stellt er Sicherheit nicht über alles. Er lässt sich die Möglichkeit offen zum Sprung. Aber er gewährt sich auch immer wieder Pausen, die er als Ausgleich für seine extravertierte Lebensweise benötigt.
Kritisch hinterfragen sollte er seine Neigung, sich über gesundheitliche Ratschläge hinwegzusetzen, und seine Philosophie, dass alles gut ist, was schmeckt und Spaß macht. Außerdem sollte er seinen Körper, besonders seine Unterschenkel, genau beobachten. Dort zeigt sich, wann er seinen »Weg des Genusses« verlassen muss, weil sich an dieser Stelle bei ihm Verschlackungen als Folge einer falschen Ernährung festsetzen.
Zu einer gesunden Lebensführung gehören auch tägliche Trockenbürstungen und kalte Duschen. Danach sollten die Füße mit einem Massageöl durchgeknetet werden. Diese Maßnahme hilft

nicht nur den Beinen, sondern bringt auch dem Geist mehr Elastizität und unterstützt den Kreislauf des Wassermanns.
Eine gute Möglichkeit, seine körperliche wie geistige Sprungkraft zu trainieren, ist Trampolinspringen.

Die Apotheke der Natur
Bei den verschiedenen Krankheiten, für die Wassermänner disponiert sind, setzt man am besten die Heilkraft der Natur ein.
Gegen zu hohen Blutdruck helfen: Bärlauch, Knoblauch, Kürbiskerne und Mistel.
Bei Angstzuständen vor Unbekanntem, Dunklem, Unheimlichem und Bedrohlichem empfiehlt sich ein Tee aus Salbei, Pfefferminze, Schafgarbe, Lindenblüte und Fenchel.
Menstruationsfördernd ist ein Tee aus Liebstöckelwurz, Schafgarben- und Verbenakraut.

Die richtige Diät für Wassermänner
Wassermänner sollten von Zeit zu Zeit eine Diät durchführen. Das Entschlacken des Körpers kann die Folgen ihres in aller Regel viel zu hektischen und ungesunden Lebenswandels ausgleichen.
Wassermänner lieben das Extreme, daher kommen sie mit der Nulldiät ganz gut zurecht. Das heißt, dass man eine Zeitlang überhaupt nichts isst und nur viel Wasser trinkt. Wie lange man solch eine Diät durchzieht, hängt von der eigenen Willenskraft ab. Aber auch schon eine eintägige Nulldiät schenkt dem Organismus einen gewissen Ausgleich. Plant man eine solche Diät über einen längeren Zeitraum, ist unbedingt ärztlicher Rat einzuholen.
Der günstigste Moment für den Beginn einer Diät ist kurz vor dem Neumond. Wenn man nur einen Tag fastet, ist der Neumond selbst am besten geeignet.

Beruf und Karriere

Routine ist tödlich

Eine meiner Klientinnen erzählte mir einst folgende Geschichte: Sie hatte sich bei einem Privatfernsehsender beworben. Es kam zu einem Vorstellungsgespräch, zu dem noch zwei weitere Kandidatinnen geladen waren. Der Personalchef sagte den drei jungen Frauen ungefähr Folgendes: »Wenn ihr mit uns arbeiten wollt, müsst ihr wissen, dass es hier alles gibt, Interessantes und Unmögliches, Chaotisches und ganz Normales; nur eines gibt es nicht: eine geregelte Arbeitszeit. Ihr müsst immer da sein können, wenn wir einen Auftrag bekommen, Tag und Nacht.« Daraufhin sagte eine der Frauen, sie könne da leider nicht mithalten, weil sie ihren Sohn allein erziehe. Die zweite äußerte, sie mache unter der Bedingung mit, dass die Überstunden ordentlich bezahlt würden. Meine Klientin hingegen – sie hat auch einen Sohn – sagte, dass sie das mit ihrem Kind schon geregelt bekäme. Sie würde die Stelle gern nehmen. Sie hat den Job. Sie ist eine Wassermanngeborene.

Ein anderer meiner Wassermannklienten hat bis heute folgenden Berufsweg zurückgelegt: Nach der mittleren Reife übernahm er die Drogerie seines Vaters, weil dieser krank wurde. Der Vater starb. Kurze Zeit darauf verkaufte der Sohn das Geschäft und studierte Psychologie. Als Diplompsychologe arbeitete er ein Jahr lang in einer therapeutischen Einrichtung für Alkoholkranke. Dann schrieb er zunächst nebenberuflich für eine Zeitung psychologische Beiträge, später wechselte er ganz dorthin – als Fachmann für das Ressort Psychologie. Wieder ein Jahr später fand er Interesse am Fernsehen, bewarb sich, wurde genommen – aber fürs Ressort Kultur, wovon er »keine Ahnung« hatte. Er arbeitete sich ein und hinauf – und wurde Starmoderator in einer Livesendung. Nach drei Jahren hörte er von einem Projekt, bei dem sich im Ausland ganz schnell viel Geld verdienen ließe. Er gab seine tolle Stelle auf und verließ Deutschland. Das große Geld kam zwar

nicht, aber er begann einen Job in einer Agentur als Einkäufer von Film- und Buchrechten. In der Zwischenzeit hat er seinen Beruf nochmals gewechselt und ist nun Produzent in seiner eigenen Filmfirma.
Noch ein Beispiel eines typischen Wassermanns: Er ging einem ganz biederen Job bei der Bahn nach. Er saß in einen kleinen Nest vor München und musste die ein- und ausfahrenden Züge kontrollieren. Für einen Wassermann ist das ein todlangweiliger Job, was dieser Mann durchaus auch selbst so empfand. Schon als kleiner Junge hatte er Fußball gespielt und war bis zur Bezirksliga aufgestiegen, brach sich aber irgendwann den Knöchel und musste die Laufbahn als aktiver Sportler beenden. Er meldete sich als Schiedsrichter und machte wegen seiner freundlichen, neutralen, sachlichen Art eine tolle Karriere. Die Woche über saß er in seinem Kontrollraum und überwachte Züge. Am Wochenende dirigierte er das Spiel auf dem Fußballplatz. Mit 29 Jahren bekam er wieder Probleme mit seinem Knöchel und musste den Job als Schiedsrichter aufgeben. Er kündigte seine sichere Stelle bei der Bahn gleich mit und begann bei einem großen Münchner Fußballverein mit einer ganz kleinen Nebentätigkeit. Aber das war ihm immer noch viel lieber, als »Züge zu zählen«, wie er es nannte. Später wurde dieser Mann ein hoher Sportfunktionär.
Ich kenne eine HNO-Ärztin, die zwanzig Jahre lang tagtäglich zig Ohren geröntgt, gesäubert und operiert hatte. Dann hörte diese Wassermannpersönlichkeit eines Tages etwas über ein völlig spektakuläres Heilverfahren, das mit Hilfe von computererzeugten elektromagnetischen Feldern arbeitet, und gab ihre gutgehende Praxis mir nichts, dir nichts auf, um sich völlig dieser unsicheren Alternative zu widmen.
Ich kenne des Weiteren einen Lehrer, der seinen Beruf hasste. Nicht wegen der Kinder, im Gegenteil, die Schüler waren der einzige Grund, weswegen es den Wassermann fast dreißig Jahre lang in diesem Beruf hielt. Aber mit den Vorschriften und der Hierarchie stand er permanent auf dem Kriegsfuß. Seine ganze Leidenschaft galt jedoch der Astrologie. Mit 45 Jahren opferte dieser

Wassermann seine sichere Beamtenkarriere zugunsten einer völlig unsicheren Tätigkeit als Berufsastrologe. Er hält sich seitdem mehr schlecht als recht über Wasser. Manchmal, wenn es ihm bis zum Hals steht, bereut er seinen Entschluss. Aber er weiß ebenso, dass er nie zurückgehen würde.

In meine Praxis kommt auch noch regelmäßig ein Wassermann, dessen (Ein-Mann-)Firma stets kurz vor dem Bankrott steht, der aber trotzdem jedes Angebot, das nach Sicherheit und Normalität riecht, ausschlägt.

Welche Wassermänner waren noch bei mir? Eine Frau, die alternativen Landbau betreibt. Ein Mann, der nach zwanzig Jahren als Bankfachmann Heilpraktiker wurde. Eine Frau, die ihre Beamtenlaufbahn als Lehrerin an den Nagel hängte und danach einen Esoterikladen führte. Ein anderer Lehrer, der zwar Beamter geblieben ist, aber in seiner Freizeit Science-Fiction-Romane schreibt. Alle diese Wassermänner haben sich in ihrem beruflichen Leben irgendwann für Freiheit, Unabhängigkeit und Selbständigkeit entschieden.

Wassermänner können zwar ohne weiteres in einem bürokratischen, straff durchorganisierten Berufsalltag stecken, unterdrücken damit aber sehr wahrscheinlich all ihre fabelhaften Talente sowie ihre Schöpferkraft, Genialität und ihre Lust am Schaffen.

Können also Wassermänner nur als Freiberufler etwas leisten, bzw. müssen sie immer ihr eigener Herr sein? Ganz so extrem ist es nicht! Aber das sollten sie wissen: Je »eingesperrter« sie sind, umso unproduktiver werden sie sein. Eine Tätigkeit, bei der jeder Handgriff genau vorgeschrieben ist, macht sie krank. Wenigstens die Arbeitszeit müssen sie selbst bestimmen können! Genauso nervtötend ist für sie ein Chef, der ihnen vorschreibt, was sie zu tun und zu lassen haben. Am besten arbeiten sie zusammen mit anderen, genauso kreativen und selbständigen Menschen, wie sie selbst es sind. Das Wort »Team« muss von einem Wassermann erfunden worden sein. Kollegen, die sich nicht gegenseitig kontrollieren und maßregeln, sondern dabei unterstützen, ihrer Kreativität, ihrem Einfallsreichtum zu vertrauen – das ist das Reich, in dem der Wassermann zur Höchstform aufläuft.

Ich kenne ein Arbeitsteam, das sich aus drei Wassermännern und einem Stier zusammensetzt. Sie entwickeln gemeinsam neue Filmideen bzw. kaufen die Rechte an ausländischen Produktionen, um sie deutschen TV-Sendern anzubieten. Dieses Team sollten Sie einmal erleben! Die drei Wassermänner sitzen in einem Raum, arbeiten an mehreren Projekten gleichzeitig und lassen sich von den ausgefallensten Ideen leiten (zum Beispiel der, einen Film über Kuba mit leeren Bierflaschen – in Kuba Mangelware – zu sponsern), und sie haben einen sagenhaften Erfolg. Neun von zehn ihrer Einfälle sind so abstrus, dass kein vernünftiger Mensch auch nur einen Deut dafür geben würde. Aber sie realisieren acht von neun Ideen. Einzig und allein ihr Stier, ein Jurist, sitzt in einem gesonderten Raum und checkt, rechnet und führt die Verhandlungen mit ihren Geschäftspartnern.

Sie sind Erfinder

Jeder Wassermann, den ich kenne, hat irgendetwas erfunden, sich etwas ausgedacht – oder er träumt zumindest davon, eines Tages seine Erfindung zu realisieren. Originalität, anders zu sein als die anderen, seiner Schöpferkraft zu folgen – das ist »typisch Wassermann«. Die amerikanische Astrologin Linda Goodman schreibt über sie: »Siebzig Prozent der genialen Menschen haben entweder den Aszendenten im Wassermann oder sind Wassermanngeborene.« Ich stimme ihr zu. Der wache Geist von Wassermanngeborenen forscht ständig nach neuen Möglichkeiten, Veränderungen, Verbesserungen, Erneuerungen. Unmögliches existiert nicht für einen Wassermann. Man muss es nur aus der richtigen Perspektive betrachten, eine Änderung vornehmen, das Ganze anders strukturieren – und schon findet sich die Lösung. Auf dem Mond landen? Kein Problem! Künstliches Leben in einer Retorte zeugen? Auch zu schaffen! Und vielleicht hat der wassermännische

Geist in hundert oder auch erst tausend Jahren die Pille für Unsterblichkeit erfunden: Die meisten der Menschen, die ihre toten Körper oder ihr Gehirn einfrieren lassen wollen und die zeitliche Begrenzung ihres Erdendaseins so zu überwinden trachten, sind bestimmt Wassermänner.

Der Zeit und dem Zeitgeist vorauseilen – auch das liegt diesen Menschen. Zitieren wir nochmals Linda Goodman: »Wie der Wassermann heute denkt, so wird die Welt in fünfzig Jahren denken.« Wenn es darum geht, den Modetrend der kommenden Jahre vorherzusehen, den Weizen heute dort zu bestellen, wo er in zwei Jahren am billigsten ist, oder das Geld in dem Land zu investieren, das in der Zukunft die höchste Rendite abwerfen wird – »wassermännische« Prognosen liegen immer gut im Rennen. Auch was den Trend in Literatur, Malerei, Musik betrifft, stellen sie die Avantgarde.

Zu einer Wassermannwelt gehören natürlich auch die gesamte Computertechnologie, das World Wide Web und die modernen Fortbewegungstechnologien, wie sie zum Beispiel in der Raumfahrt zum Einsatz kommen.

Klingt alles wahnsinnig aufregend, nicht wahr? Es wird also Zeit, auch ein paar Negativa über diesen genialen Wassermann und seine beruflichen Fähigkeiten aufzuzählen. Also: Er ist zum Beispiel sagenhaft anspruchsvoll. Ich kenne einen Wassermann, der mit derartig überhöhten Gehaltsforderungen auftritt, dass sämtliche Personalchefs der Welt entsetzt abwinken. Aber er findet, er sei einen solchen Preis wert. Eine andere Problematik liegt in seinen bereits erwähnten Schwierigkeiten, mit Hierarchien zurechtzukommen. Es gibt Wassermänner, die – egal, wo sie arbeiten – früher oder später mit sämtlichen Vorgesetzten in den Clinch geraten. Aber auch mit Menschen, die unter ihnen stehen, haben Wassermänner schnell Probleme. Ich bin sicher, dass sich nicht wenige Wassermänner durch ihr »antiautoritäres« Verhalten ihre Chancen verbauen.

In diesem Zusammenhang sei noch ein Zug erwähnt, der vor allem Partnern und Kollegen zu schaffen macht. Es ist die Ruhelosigkeit der Wassermänner. Sie sind ständig unterwegs, in Gedanken wie in der Wirklichkeit. Sie müssen immer etwas Neues beginnen, weil sie sonst das Gefühl von Routine überfällt. Einerseits treibt diese Unruhe Wassermänner auf die schwindelerregendsten Gipfel. Andererseits lässt dieser »Drive« sie eine Unruhe verbreiten, die zuweilen schlichtweg nicht auszuhalten ist.

Das Arbeitsumfeld und die Berufe

Wo arbeiten Wassermänner am liebsten?
Wassermänner betätigen sich mit Vorliebe in einem Umfeld, wo es um Erfindungen und Ideenproduktion geht, wo Ideale und Visionen entstehen und verbreitet werden, wo es Teamarbeit gibt. Sie arbeiten gern dort, wo ideeller Reichtum gesammelt und verwaltet wird, wo Natur und neue Technologien zusammenfließen, wo Geld auf außergewöhnliche Weise erwirtschaftet wird und wo es um Repräsentation, Verkauf und Selbstdarstellung geht. In ihrem idealen Arbeitsumfeld findet Wissensvermittlung statt, es werden moderne Kommunikationsformen gepflegt. Verschiedene Meinungen und Interessen kommen an einen Tisch. Es wird in die Zukunft gedacht. Ideen entstehen und werden verkauft. Wassermänner mögen einen Arbeitsplatz, an dem Altes modernisiert wird. Sie fühlen sich wohl in einer Umgebung, in der die Seele erforscht, wo Forschung im Zusammenhang mit Geburt und Zeugung betrieben wird (Genforschung), wo Medizin und Technik ineinandergreifen. Sie wollen da tätig sein, wo Ideen geschrieben, gedruckt und verbreitet werden (Autor, Verleger), wo Erfindungen gemacht und verwaltet werden, wo es um humanitäre Ziele geht.

Berufe der Wassermänner
A/B (Angestellter/Beamter) Auswärtiger Dienst, A/B Bundesanstalt für Flugsicherung, A/B Deutsches Patentamt, A/B Justizverwaltung, A/B Strafvollzugsdienst, Anwendungsprogrammierer,

Apotheker, Arzthelfer, Astrologe, Astronom, Astrophysiker, Atem- und Stimmlehrer, Berufe in Umweltorganisationen, Berufsschullehrer, (staatlich geprüfter) Betriebswirt, Bildingenieur, Blumenbinder, Bodenpersonal bei Fluggesellschaften, Chemielaborant, Computer-Layouter, Cutter, Datenverarbeitungskaufmann, Dekorateur, Dipl.-Ing. Elektrotechnik, Dipl.-Ing. Fachrichtung Chemie, Dipl.-Ing. Hoch- und Tiefbau, Dipl.-Ing. in der Entwicklung, Dipl.-Ing. in der Konstruktion, Dipl.-Ing. in Fertigungstechnik, Dipl.-Ing. in Verfahrenstechnik, Dipl.-Ing. Vermessungswesen, Diplompsychologe, -handelslehrer, -informatiker, -ingenieur, -mathematiker, -pädagoge, -sportlehrer, Dolmetscher, EDV-Organisator, Elektroniktechniker, Elektrotechniker, Energiemanager, Entwicklungshelfer, Ethnologe, Facharzt für Chirurgie, Fachlehrer, Fachwirt für Tagungs-, Kongress- und Messewirtschaft, Flugbegleiter, Gartenbauarchitekt, Gentechniker, Gewerkschaftsfunktionär, Heilerziehungspfleger, Heilpädagoge, Hochschullehrer, Hotelkaufmann, Industriedesigner, Industriekaufmann, Informatiker, Informationsbroker, Informationsgrafiker, Innenarchitekt, Journalist, Jugendpfleger, Jurist, Kernphysiker, Kommunikationstechniker, Kultur- bzw. Medienmanager, Kunsterzieher, Landschaftsplaner, Lehrer in der Erwachsenenbildung, Lektor, Maskenbildner, MAZ-Techniker, Medieninformatiker, Meteorologe, Multimediaproducer, Musikerzieher, Netzwerkspezialist, Notar, Ökologe, Ökomanager, Organisator, Ozeanograph, Philosoph, Pilot, Politiker, Politologe, Privatdozent, Programmierer, Psychotherapeut, Realschullehrer, Rechtsanwalt, Rechtspfleger, Recycling-Fachmann, Redakteur, Reiseverkehrskaufmann, Religionswissenschaftler, Reporter, Schauspieler, Schriftsteller, Seminarleiter, Sozialwissenschaftler, Speditionskaufmann, Sprachwissenschaftler, Steward, Tanzlehrer, Techniker in der Entwicklung, Techniker in der Fertigungstechnik, Techniker in Verfahrenstechnik, Teletutor, Theaterwissenschaftler, Tourismusmanager, Übersetzer, Umweltberater, Verleger, Werbekaufmann, Wirtschaftsjurist.

Test: Wie »wassermannhaft« sind Sie eigentlich?

In diesem Test kann man erfahren, wie wassermannhaft man als Wassermanngeborener ist. Man gehe dabei folgendermaßen vor: Möchte man eine Frage mit einem Ja beantworten, soll man jeweils die Zahl ankreuzen. Wenn man also gern Testfahrer wäre, kreuzt man die Zahl 1 an (ein Nein wird nicht notiert).

	+	−
Wären Sie gern Testfahrer?	1	✗
Sind Sie ein Mensch, der gern Geld zurücklegt?	2	
Haben Sie gern mit Kunst zu tun?	✗ 3	
Sind Sie gern unter Menschen?	? 4	
Würden Sie gern Politik machen?	? 5	
Sagen Sie gern anderen, was sie tun sollen?	✗ 6	
Möchten Sie an einer Grenze stehen und Personen kontrollieren?	7	
Möchten Sie Babys in einem Krankenhaus betreuen?	✗ 8	
Möchten Sie Tierpräparate herstellen?	9	
Ist es Ihnen egal, was Sie arbeiten, Hauptsache, das Geld stimmt?	10	
Ordnen Sie sich leicht unter?	11	
Haben Sie Geduld?	12	
Möchten Sie Prüflingen Noten geben?	13	
Möchten Sie auf dem Land leben und arbeiten?	✗ 14	
Stehen Sie gern in der Öffentlichkeit?	15	
Möchten Sie Falschparkern einen Strafzettel geben?	16	

	+		-
Möchten Sie an einer Diät als Testperson mitmachen?		17	
Möchten Sie Gehälter abrechnen?		18	
Unterhalten Sie andere Leute gern?		19	
Arbeiten Sie gern im Team?		20	
Könnten Sie von der Hand im Mund leben?		21	
Interessieren Sie sich für Mode?		22	
Mögen Sie das Risiko?		23	
Führen Sie gern technische Berechnungen durch?		24	
Wären Sie gern ein Entdeckungsreisender?		25	
Mögen Sie Veränderungen?		26	
Möchten Sie auf einer Bühne stehen?		27	
Können Sie gut allein leben?		28	
Können Sie leicht auf die Tageszeitung verzichten?		29	
Möchten Sie gern Kinder betreuen?		30	
Halten Sie Gefühle für wichtiger als den Verstand?		31	
Können Sie leicht aus sich herausgehen?		32	
Liegt Ihnen das Wohlergehen anderer am Herzen?		33	
Sind Sie gern Gastgeber?		34	
Betreuen Sie gern Kranke?		35	
Wären Sie gern Lehrer?		36	
Sind Sie ein beständiger Mensch?		37	
Gehen Sie gern und häufig aus?		38	
Möchten Sie Menschen beraten?		39	
Möchten Sie Schaufenster dekorieren?		40	

	+	−
Möchten Sie gefährliche Chemikalien transportieren?	41	
Würden Sie gern an einem Bankschalter stehen?	42	
Treiben Sie gern Sport?	43	
Würden Sie gern als Diskjockey arbeiten?	44	
Würden Sie gern Astronaut sein?	45	
Können Sie sich vorstellen, im Ausland zu arbeiten?	46	
Möchten Sie gern Reporter sein?	47	
Übernehmen Sie gern Verantwortung?	48	
Würden Sie gern Fotomodell sein?	49	
Können Sie leicht bei einer Sache bleiben?	50	
Summe	___	___

Auswertung

Schreiben Sie immer dann ein Plus (+) links neben die Zahl, wenn Sie die Nummern 1, 3, 4, 5, 15, 19, 20, 22, 23, 25, 26, 32, 33, 34, 38, 45, 46, 47, 49 angekreuzt haben (maximal neunzehnmal ein Plus).

Tragen Sie immer ein Minus (−) rechts neben die Zahl, wenn Sie die Nummern 2, 6, 7, 8, 9, 10, 11, 12, 13, 16, 31, 37, 42, 50 angekreuzt haben (maximal vierzehnmal ein Minus).

Ziehen Sie die Anzahl der notierten Minuszeichen von der Anzahl der Pluszeichen ab. Die Differenz ist Ihr Testergebnis.

Interpretation

Ihr Testergebnis beträgt 8 oder mehr Punkte: Sie sind ein hundertprozentiger Wassermann. Alles, was in diesem Buch über die Natur des Wassermanns gesagt wurde, trifft auf Sie zu. Sie sind exzentrisch, schöpferisch, luftig, kommunikativ, ordnen sich schwer unter und arbeiten am besten im Team. Ihre Gefühle sind kontrolliert, Sie suchen Verfeinerung und Erhebung im Leben und brauchen immer wieder Veränderung. Routine wirkt auf Sie wie ein Schlafmittel.

Ihr Testergebnis liegt zwischen 4 und 7 Punkten: Bei Ihnen ist das Naturell des Wassermanns gedämpft. Wahrscheinlich haben Sie einen Aszendenten, der die Qualität Ihrer Wassermannpersönlichkeit in einer anderen Weise beeinflusst. Oder Ihr Mond hat diese Wirkung. Für Sie ist es daher interessant, die Stellung Ihres Mondes und Ihren Aszendenten im zweiten Teil dieses Buches kennenzulernen. Es kann aber auch sein, dass Sie durch frühere Erfahrungen dazu veranlasst wurden, Ihr Wassermannnaturell abzulehnen. Dann ist es besonders wichtig, dass Sie sich damit wieder anfreunden und es mehr zulassen.

Ihr Testergebnis beträgt weniger als 4 Punkte: Sie sind ein untypischer Wassermann. Wahrscheinlich haben Sie einen Aszendenten, der sich völlig anders als das Wassermannprinzip deuten lässt, oder Ihr Mond steht in einem solchen Zeichen. Es wird sehr spannend für Sie sein, dies im zweiten Teil des Buches herauszufinden. Sie haben es aber im Laufe Ihres Lebens womöglich auch für nötig befunden, Ihre Wassermannseite abzulehnen und zu verdrängen. Es ist daher Ihre Aufgabe, sich mit diesem Teil Ihrer Persönlichkeit wieder anzufreunden: Sie sind ein Geschöpf der Luft, das von seinem Naturell her dafür geschaffen ist, Menschen zu begegnen, sie zu unterhalten und ihnen die fröhliche, leichte Seite des Lebens zu zeigen.

Teil II
Die ganz persönlichen Eigenschaften

Der Aszendent und die Stellung von Mond, Venus & Co.

Vorbemerkung

In Teil I wurde erläutert, wie man zum »Sternzeichen« Wassermann kommt, nämlich dadurch, dass die Sonne zum Zeitpunkt der Geburt in diesem Abschnitt des Tierkreises stand. Nun gibt es in unserem Sonnensystem bekanntlich noch andere Himmelskörper, von denen der Erdtrabant Mond und die Planeten für die Astrologie bedeutsam sind. Sie alle haben ebenfalls entsprechend ihrer Stellung bei einer Geburt eine spezifische Aussagekraft. Obendrein spielen auch noch der Aszendent, die astrologischen Häuser und weitere Faktoren eine Rolle. Alles zusammen ergibt ein Horoskop.
Dieses Wort hat seine Wurzeln im Griechischen und heißt so viel wie »Stundenschau«, weil ein Horoskop auf die Geburtsstunde (eigentlich Geburtsminute) genau erstellt wird. Es ist also eine – in Zeichen und Symbole übersetzte – Aufnahme der astrologischen Gestirnskonstellationen zum Zeitpunkt einer Geburt. Es spiegelt die vollständige Persönlichkeit eines Menschen wider.
Im Folgenden werden die neben der Sonne wichtigsten Größen eines Horoskops gedeutet: Aszendent, Mond, Merkur, Venus, Mars, Jupiter und Saturn. Sie können mit Hilfe des Geburtstags und der Geburtszeit ihre Position im Tierkreis ermitteln und dann die jeweilige Bedeutung kennenlernen. Die Interpretation dieser Horoskopfaktoren ist manchmal vom Sonnenzeichen des oder der Betreffenden abhängig, im Großen und Ganzen jedoch nicht. Entsprechend findet man in den verschiedenen Bänden dieser Buchreihe in der jeweiligen Beschreibung die gleichen oder ähnliche Aussagen.
Auf der anderen Seite ist es wichtig, zu verstehen, dass die Interpretation einer einzelnen Größe wie zum Beispiel Aszendent, Mond oder Sonne immer nur einen bestimmten Aspekt wieder-

gibt, der eventuell widersprüchlich zu dem sein kann, was über einen anderen Faktor gesagt ist. Die Kunst der Astrologie beruht aber gerade darauf, Verschiedenes, eventuell sogar sich Widersprechendes, miteinander zu verbinden bzw. gemäß der eigenen Intuition und Erfahrung zu gewichten.

Wie erfährt man nun, in welchem Tierkreiszeichen die weiteren Horoskopfaktoren stehen? Astrologen mussten früher tatsächlich den Himmel studieren, um herauszufinden, welche Position die wichtigen Gestirne einnahmen. Aber wie gesagt erstellten findige Köpfe schon bald Tabellen, sogenannte Ephemeriden, denen man den Lauf der Planeten entnehmen konnte. Seit der Erfindung und Verbreitung der Computertechnologie kann man nun auch auf diese Ephemeridenbücher verzichten. Man ersteht ein Astrologieprogramm, gibt Geburtstag, -zeit und -ort ein, und auf einen Klick erscheinen alle Angaben, die man braucht. Heute ist infolge der großen Verbreitung des Internets auch das eigene Astrologieprogramm überflüssig geworden. Im World Wide Web existieren Plattformen, auf denen sich ebenfalls ganz einfach die Planetenpositionen errechnen und darstellen lassen. Man kann zum Beispiel über die Homepage des Autors sämtliche Angaben über die exakte Position von Sonne, Mond, Aszendent und den weiteren Gestirnen in einem Horoskop kostenlos herunterladen. Die Adresse: www.bauer-astro.de.

Die Grafik auf Seite 92 zeigt das Horoskop eines berühmten Wassermanngeborenen, nämlich Wolfgang Amadeus Mozart. Er wurde am 27. Januar 1756 um 20.00 Uhr in Salzburg geboren. Das Horoskop hält den Geburtsmoment grafisch fest. Die Sonne ☉ stand im Zeichen Wassermann ♒ (rechts unten im Horoskop). Aber die Sonne ist nur eine Größe seines Horoskops. Man erkennt links den Aszendenten *AC*, der im Jungfrauzeichen ♍ liegt. Der Mond ☽, unten, befand sich bei seiner Geburt im Zeichen Schütze ♐. Außerdem sind noch viele weitere Gestirne und wichtige Punkte im Horoskop enthalten. Ein ausführliches Horoskop berücksichtigt die Position aller Gestirne und des Aszendenten und kommt erst dann zu einer umfassenden und gründlichen Persönlichkeitsdiagnose.

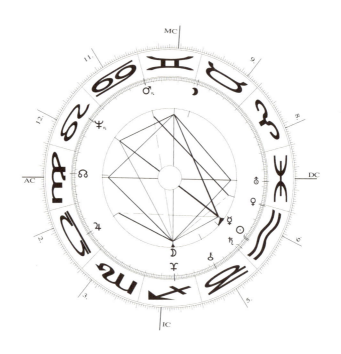

Der Aszendent – Die individuelle Note

Die Bedeutung des Aszendenten

Wir sprechen in diesem Buch vom Sonnenzeichen Wassermann, dies ist aber wie gesagt nur *ein* Aspekt einer Persönlichkeit. Die Astrologie kennt noch viele andere, wovon der Aszendent der wichtigste ist. Für die Bestimmung des Aszendenten muss man allerdings die genaue Geburtszeit kennen. Sie ist erfahrbar, weil sie auf dem Standesamt des Geburtsorts festgehalten wird. Wenn Sie also nicht die Zeit kennen, zu der Sie das Licht der Welt erblickt haben, können Sie dort anfragen und um Auskunft bitten.

Als ich vor über dreißig Jahren damit begann, Horoskope zu erstellen, war ich zunächst sehr erstaunt darüber, dass die Geburtszeit neben dem Geburtstag in den Büchern der Standesämter festgehalten wird. Der Geburtstag dient dem Staat neben anderen Angaben zur eindeutigen Identifizierung einer Person. Aber welchen Zweck erfüllt die Geburtszeit für die Bürokratie? Für mich liegt darin auch heute noch kein größerer Nutzen als dieser: Durch die schriftliche Fixierung der Geburtszeit liefern die Behörden der Astrologie die wichtigste Berechnungsgrundlage und ermöglichen so jedem Menschen einen Blick auf den ganz persönlichen, einzigartigen Anfang seines Lebens.

Der Aszendent symbolisiert die individuelle Note. Das Sonnen- oder Tierkreiszeichen Wassermann hat man ja gemeinsam mit allen Menschen, die zwischen dem 21. Januar und dem 19. Februar geboren sind. Der Aszendent jedoch ergibt sich aus der ganz persönlichen Geburtszeit. Aber was bedeutet nun der Aszendent? Bekanntlich dreht sich die Erde in zirka 24 Stunden um ihre eigene Achse. Von der Erde aus gesehen, beschreibt die Sonne dabei aber einen Kreis um unseren Planeten. Dieser Kreis wird – ebenso wie beim scheinbaren Kreislauf der Sonne um die Erde innerhalb eines Jahres – in zwölf Abschnitte unterteilt: die zwölf Zeichen des Tierkreises. Entsprechend steigt am östlichen Horizont etwa alle zwei Stunden ein neues Tierkreiszeichen auf. Dasjenige, das zum Zeitpunkt einer Geburt (oder eines anderen wichtigen Ereignisses) gerade dort aufging, nennt man »Aszendent« (dieser Begriff ist abgeleitet vom lateinischen Verb *ascendere* = »aufsteigen«).

Die Deutung des Aszendenten ist auch dementsprechend: Zunächst einmal wollen die Anlagen (repräsentiert durch den Aszendenten) das Gleiche wie das Tierkreiszeichen am Himmel, nämlich »aufgehen«. Wenn jemand zum Beispiel Aszendent Widder »ist«, strebt die durch dieses Zeichen symbolisierte Kraft danach, im Leben des Menschen mit Aszendent Widder aufzugehen. Es versuchen sich also Widderkräfte zu verwirklichen. Allerdings sind mit einem bestimmten Aszendenten zwar bestimmte Muster und Energien vorgegeben. Aber es bleibt immer eine Freiheit in der Gestaltung. Je mehr es einem gelingt, sich vom Allgemeinen abzuheben, umso individueller und einmaliger wird man

sein, und umso eher erfüllt man seine eigentliche Bestimmung, nämlich ein einmaliger und unverwechselbarer Mensch zu sein.
Ergänzen sich Aszendent und Tierkreiszeichen, dann fällt dies leicht. Zuweilen sind sie aber völlig entgegengesetzt. Entsprechend fällt es einem schwerer, seinen Aszendenten neben seinem Sternzeichen in sein Leben zu integrieren. Der Aszendent dient also einerseits dazu, uns eine individuelle und besondere Note zu verleihen. Darüber hinaus begleitet den Aszendenten ein Sehnen, sich in eine kosmische oder spirituelle Kraft zu verwandeln, »in den Himmel zu steigen«, wie ja auch das tatsächliche Aszendentenzeichen sich im Osten von der Erde erhebt und gen Himmel strebt.

Auf den folgenden Seiten finden sich die zentralen oder wichtigsten Eigenschaften der zwölf möglichen Aszendenten von Wassermanngeborenen.
Die exakte Aszendentenposition lässt sich wie gesagt über die Homepage des Autors herunterladen (www.bauer-astro.de).

Der Wassermann und seine Aszendenten

Aszendent Widder – Ein Krieger werden

Aszendentenstärken Direkt, spontan, dynamisch, durchsetzungsstark
Aszendentenschwächen Ungeduldig, launisch

Mit dem Aszendenten Widder kommt man auf die Welt, um ein Krieger zu werden. Dieses Wort bedarf einer besonderen Erklärung. Denn mit einem Krieger verbindet man gewöhnlich schreckliche Geschehnisse, schwerbewaffnete Männer (und Frauen), die – meist einem Befehl folgend – töten, foltern, vergewaltigen, enteignen, vertreiben, zerstören, vernichten. Das mögen durchaus auch unerlöste Anteile dieser Aszendentenenergie sein, sie haben aber mit einem bewussten und wissenden Umgang damit nichts zu tun. Der »Krieger« in unserem Sinne steht vielmehr für das Leben. Er verkörpert Initiative, Kraft, Lebendigkeit. Nichts, aber auch gar nichts verbindet ihn mit Zerstörung, Verletzung oder gar Tod. Im Gegenteil. Die höchste Vollendung als Krieger besteht darin, dass er alles aus dem Bewusstsein heraus tut, beim Punkt null zu beginnen. Nichts war schon einmal. Alles ist neu. Der Atem. Das Öffnen der Augen. Das Gehen. Menschen mit dem Aszendenten Widder werden ihr ganzes Leben lang immer wieder neu geboren. Alles, was ihnen widerfährt, zählt als Herausforderung.

Diese Menschen lernen aus Problemen, Schwierigkeiten und Behinderungen, so dass sie in Zukunft gewappnet sind. Auch die Angst werden sie mit der Zeit kennenlernen und wie ein Krieger an ihr wachsen. Angst gleicht einem Heer unsichtbarer Gegner. Man spürt nur, dass man bedrängt wird, eingeengt ist, nicht weiterkann. Aber hat man nicht schon bei seiner Geburt die Erfahrung gemacht, dass es immer weitergeht? Man darf nicht stehen bleiben. Wenn man nicht aufgibt, wird man immer stärker im Leben. Vielleicht muss man zuweilen nachgeben, sich aber sein Ziel immer vor Augen halten. Umwege sind denkbar und Pausen, doch den eigentlichen Weg wird man nie aus den Augen verlieren.

Mit diesem Aszendenten ist eine jugendliche Gestalt verbunden, und zudem sind so manche »wilden« Unternehmungen älteren Menschen oft nicht mehr möglich. Trotzdem sollten sie ihren Körper sorgfältig pflegen und im Rahmen des Möglichen ertüchtigen. Regelmäßige Gymnastik und eine gesunde Ernährung sind einfach unerlässlich. Noch wichtiger aber ist die geistige Beweglichkeit. Aszendent-Widder-Menschen haben in der Regel das Glück, im Alter fit im Kopf zu bleiben. Aber sie müssen ihren Geist auch immer wieder trainieren. Außerdem können sie den geistigen Alterungsprozess durch Nahrungsergänzungen (Ginkgo zum Beispiel) hinausschieben. Es geht im Alter auch darum, mehr und mehr für Inspirationen empfänglich zu werden. Sich ihnen zu öffnen bedeutet, an der Welt der Ideale, dem Sein, unmittelbar teilzuhaben.

Wenn der Tod irgendwann kommt, werden sie auch diesem Faktum als Krieger begegnen: Sie haben ihren letzten großen Kampf vor sich und stellen sich ihm – mutig, entschlossen, bereit.

Aszendenten-Check
Wie ergänzen sich Sonne und Aszendent? Das Sonnenzeichen Wassermann und das Aszendentenzeichen Widder ergänzen sich großartig, machen verbal sehr stark und verleihen eine herrliche und unkomplizierte »Hoppla-jetzt-komm-ich«-Mentalität, mit der man privat wie beruflich weit kommen kann. Zu bedenken ist aber, dass man unbedingt Möglichkeiten braucht, sich frei entwickeln und entfalten zu können.

Aszendent Stier – Ein Alchemist werden
Aszendentenstärken Solide, sachlich, praktisch,
sinnlich, kreativ, schöpferisch
Aszendentenschwächen Stur, inflexibel

Die Bezeichnung »Alchemist« in diesem Zusammenhang stammt von einem Koch mit dem Aszendenten im Zeichen Stier, der – erst 22 Jahre alt – bereits Chef über fünf weitere Köche war und mir in einer Astrologiesitzung sagte: »Ich bin eigentlich ein Alchemist. Ich mache aus einfachen Zutaten (Zucker, Mehl, Eier, Orangensaft …) ein Gericht, an dem sogar die Götter ihre Freude hätten.«
Natürlich lassen sich nicht nur einfache Lebensmittel in »Götterspeisen« transformieren. Genauso klappt es mit Häusern (Architekt), Wohnungseinrichtungen (Innenarchitekt), Pflanzen (Gärtner) und tausend anderen Aufgabenfeldern. Ich frage mich manchmal, ob die Fähigkeit mancher Menschen, ihr Geld mit Hilfe von Spekulation zu vermehren, nicht auch eine moderne Form der Alchemie darstellt. Ob vielleicht Börsianer wie die Alchemisten im Mittelalter Beschwörungsformeln aussprechen, damit ihre Aktien steigen?

Alles lässt sich im Sinne der Alchemie in einen höheren Zustand transformieren. Es ist eine Frage des Bewusstseins. Wenn man sich einmal darüber klar ist, dass man diese Gabe besitzt, geht man anders durchs Leben, nämlich in der Absicht, zu verschönern, alles sinnlicher, angenehmer, vollendeter werden zu lassen. Dann blühen plötzlich Rosen in prächtigeren Farben, der Himmel bekommt ein tieferes Blau, und das Glas Wasser, das man gerade trinkt, schmeckt wie ein nie gekosteter Hochgenuss: Die eigenen Sinne zu verfeinern ist der erste Schritt eines Alchemisten – das Sehen, Hören, Riechen, Schmecken, Tasten. Dann folgt der zweite: die Welt draußen formen, sein Outfit, die Wohnung, das Büro. Am Anfang braucht ein Alchemist noch Zeiten des Rückzugs, um sich zu sammeln und seine eigene Sinnlichkeit abseits allen Treibens zu trainieren. Aber mit der Zeit wird die ganze Welt sein Experimentierraum, und sein »Unterricht« dauert 24 Stunden. Selbst seine Träume beginnen sich zu gestalten, bekommen intensivere Farben und erzählen von fernen Welten – dem Garten Eden oder dem Schlaraffenland.

Der große Erleuchtete Buddha war sowohl von der Sonne als auch vom Aszendenten her ein Stier. Es heißt, dass dort, wo er ging, die Vögel noch lieblicher sangen und die Blüten der Bäume noch intensiver dufteten. Auch Orpheus, einem anderen erleuchteten Wesen, kann man ruhig einen Stieraszendenten »andichten«, obwohl natürlich keine offiziellen Angaben über seine Geburt existieren. Dem Mythos zufolge sang er so vollendet, dass alles um ihn herum verstummte: die Vögel und die Insekten, sogar die Wellen des Meeres und der Wind. Wie ein Buddha, wie Orpheus, so sollen Menschen mit dem Aszendenten Stier durchs Leben gehen.

Im Alter schwindet so manche der Sinnesfreuden: Essen und Trinken haben meist nur noch nährende Funktion, der reine Sex reduziert sich auf ein bescheideneres Maß. Ausgleichend und die Sinne verfeinernd wirkt zum Beispiel die Beschäftigung mit Kunst, egal, ob man sich ihr nur betrachtend oder durch eigenes künstlerisches Tun widmet. Menschen mit dem Aszendenten im Zeichen

Stier können jeden Ort, an dem sie leben, zum Garten Eden werden lassen.
Auch dem Tod begegnet ein Alchemist mit dem Mut, ihn zu erhöhen. Er stirbt nicht in Umnachtung, bewusstlos, verkrampft. Er nimmt die letzte große Aufgabe dieses Lebens an und schreitet anmutig hinüber in ein anderes.

Aszendenten-Check
Wie ergänzen sich Sonne und Aszendent? Das Sonnenzeichen Wassermann und das Aszendentenzeichen Stier sind gegensätzlicher Natur. Ideen gegenüber reagiert man eher skeptisch und setzt verstärkt auf praktische Vernunft. Im Extremfall neigt man dazu, alles abzulehnen, was nicht hieb- und stichfest ist. Man sollte lernen, seinen eigenen Ideen mehr zu vertrauen und Anregungen und Kritik von anderen anzunehmen.

Aszendent Zwillinge – Ein Kundschafter werden
Aszendentenstärken Gewandt, beredt, vielfältig, kommunikativ, verbindend
Aszendentenschwächen Zerstreut, unsicher

Wer unter dem Aszendenten Zwillinge auf die Welt kommt, ist immer irgendwie unterwegs – in Wirklichkeit oder in Gedanken. Er nimmt von hier etwas mit, trägt es nach dort, tauscht es mit etwas anderem aus und trägt das dann wieder mit sich fort. Dieser Aszendent macht zu einem Kundschafter, zu einem, der erforscht, entdeckt, ausspioniert, analysiert – und der sein Wissen dann weitergibt. Die Betroffenen behalten es nicht für sich, wenigstens nicht dauerhaft wie jemand mit dem Aszendenten Stier, der das, was er hat, behält und vermehrt. Die Bestimmung der Menschen mit Zwillingeaszendent lautet anders: Sie sind der Welt immer nur eine Zeitlang teilhaftig, verbinden sich, behalten, lassen wieder los.
Ein Kundschafter ist wissbegierig. Wo immer er sich aufhält, was immer er tut, er nimmt es mit all seinen Sinnen auf. Dennoch

bleibt er in seinem Inneren neutral, er hält Distanz, er lässt sich nicht vereinnahmen. Er geht durchaus eine Beziehung ein. Er ist, was er tut, und ist es auch wieder nicht. Ein »Macher« und »Beobachter« zugleich. Insofern wird er auch immer irgendwie gespalten sein, doppelt – ein Zwillingswesen eben.

Menschen mit Zwillingeaszendent treten nicht als Krieger und Eroberer und auch nicht als Verteidiger und Beschützer auf. Sie sind neutral und friedlich. Ein Kundschafter sein bedeutet, die Kunst der Neutralität bei jeder Gelegenheit zu trainieren. Das heißt nicht, dass man keine Emotionen mehr haben soll. Aber man lernt zunehmend, sich von außen zu betrachten, sich selbst zu beobachten. Auf diese Weise identifiziert man sich immer weniger mit seinen oder den Gefühlen seiner Mitmenschen. Das bringt einem dann auch gelegentlich den Vorwurf der Oberflächlichkeit ein. Denn sich in allem wiederzufinden lässt einen an Tiefe verlieren. Damit muss man mit diesem Aszendenten leben. Kunde nehmen, Kunde weitertragen, Kunde bringen: Darin liegt die Bestimmung.

Zwar wird es um Menschen mit einem Zwillingeaszendenten auch im Alter nicht so schnell ruhig, weil sie sich vorausschauend mit genügend Kontakten »eindecken«. Dennoch hinterlassen die Jahre ihre Spuren. Dann kommt es darauf an, ob man weiß oder zumindest ahnt, dass alles, was man in der Außenwelt suchte, eigentlich schon immer in einem selbst war und dass »allein sein« auch »all-eins sein« bedeutet. Dann bringt das Alter Schönheit und tiefe Befriedigung.

Aszendenten-Check
Wie ergänzen sich Sonne und Aszendent? Einerseits ist man »wassermannhaft«-idealistisch und orientiert sich an dem, was fern ist, andererseits (Zwillinge) interessiert einen gerade das Nächstliegende und Vordergründige. Man kommt mit diesen beiden Seiten umso besser klar, je mehr man sich selbst die beiden entgegengesetzten Anlagen zugesteht und nicht versucht, sich in eine Richtung zu zwängen.

Aszendent Krebs – Ein Träumer werden

Aszendentenstärken Gefühlvoll, häuslich, sensibel, fürsorglich, mystisch, spirituell
Aszendentenschwächen Launisch, abhängig

Ein besonderes Problem, dem sich Menschen mit Krebsaszendent stellen müssen, beschert ihnen der Helferplanet Mond, der auf die leibliche Mutter verweist. Bildlich gesprochen, hängen sie noch Jahre nach der Geburt oder gar ihr Lebtag lang an der Nabelschnur. Diese Prägung auf die Mutter steht in krassem Widerspruch zu der Botschaft, die einem Aszendenten grundsätzlich innewohnt, nämlich ein eigenständiges Individuum zu sein – frei, unabhängig, einmalig. Aber wie soll ihnen das gelingen, wenn ihre Mutter als Vorbild im Horoskop vorgegeben ist? Eine vertrackte Angelegenheit!

Ich meine, dass sich Menschen mit dem Aszendenten im Zeichen Krebs ein eigenes, unabhängiges Verständnis der Mutterrolle (oder des Mutterbildes) erarbeiten sollten. Sie müssen sich gewissermaßen selbst »abnabeln«. Das wird schwierig und auch sehr schmerzvoll sein. Dabei darf es ihnen nicht darum gehen, besser als ihre Mutter zu werden. Sie müssen eine eigene »Mutter-Krebs-Qualität« entwickeln, schöpferisch sein und über die alten Muster hinaus einen Weg in die Eigenständigkeit finden.

Nur auf diese Weise lässt sich der Widerspruch lösen, der in dieser Konstellation liegt. In einer ewigen Antihaltung hängen zu bleiben (bloß keine Mutter sein) oder sich anzumaßen, die eigene Mutter zu überbieten, wie es oft bei Menschen mit einem Krebsaszendenten zu beobachten ist – meist sind es Töchter –, blockiert das Leben. Eine eigenständige Mutter zu sein heißt, auf den Grund des Wassers zu tauchen. Dort finden sie die nötigen Puzzlesteine, um das eigene Bild zu vollenden.

Menschen, die mit dem Krebsaszendenten geboren werden, haben besonders leicht Zugang zu einer Zwischenwelt, einem Bereich zwischen dem sogenannten Realen und dem Spirituellen. Sie tauchen immer wieder in diese Welt ein – ob im Schlaf oder in einem Tagtraum – und tanken Kraft und erhalten Eingebungen. Träume sind eine große Quelle der Wahrheit. Allerdings haben sie viel von ihrer heilenden und heiligen Kraft eingebüßt, seitdem die Wissenschaft sie physiologisch bzw. psychologisch zu erklären sucht. Dass Träume auch eine Verbindung zur göttlichen Welt bedeuten, blieb dabei scheinbar auf der Strecke. Besonders Menschen mit dem Aszendenten im Zeichen Krebs dürfen sich davon nicht beeinflussen lassen. Ein Träumer zu sein bedeutet, die Quelle allen Seins wieder ins Leben zu integrieren. Dann bekommt die reale Welt Spuren der anderen, wird intensiv, lebendig, schöpferisch. Man erlebt sie wie ein Künstler – ein Maler, Musiker, Dichter. Vor allem aber fließt Mitgefühl in das reale Leben ein. Denn in der spirituellen Welt existiert kein Ego, das meint, sich gegen andere Egos behaupten zu müssen. Alles ist mit allem in unendlicher Liebe verbunden. Ein Träumer zu sein bedeutet jedoch keineswegs, mit halbgeschlossenen Augen durch die Weltgeschichte zu wandeln. Im Gegenteil, die Verbindung zur Anderswelt lässt einen das Leben hier bewusster und intensiver wahrnehmen.

Wenn der Mensch mit dem Aszendenten Krebs einmal alt geworden ist und dem Tod begegnet, wird er ohne Zaudern hinübergehen in die Welt, die schon immer seine Heimat war.

Aszendenten-Check
Wie ergänzen sich Sonne und Aszendent? Das Sonnenzeichen Wassermann und der Aszendent Krebs sind ausgesprochen konträr. Sie bewirken nämlich sowohl eine besonders starke intellektuelle Veranlagung als auch ein intensives Gefühlsleben. Aufgabe ist es dann, die beiden Seiten miteinander in harmonischer Weise zu verbinden, keine zu negieren, aber auch keine übermäßig zu betonen.

Aszendent Löwe – Ein Glücksbringer werden
Aszendentenstärken Selbstbewusst, großzügig, sonnig, herzlich, schöpferisch
Aszendentenschwächen Stolz, träge

Wer unter dem Aszendenten Löwe das Licht der Welt erblickt, macht alle glücklich: Ein Königskind ist geboren, mögen die Verhältnisse unter dem Dach, das seine Wiege beherbergt, auch noch so ärmlich sein. Mit ihm zieht das Glück ein, und das bleibt im Grunde ein Leben lang so, wenn nicht widrige Umstände den natürlichen Charme dieser Menschen brechen. Auch Erwachsene umgibt eine besondere Ausstrahlung, eine »Grandezza«, die signalisiert: »Alle mal hersehen, jetzt komme ich!« Irgendwann hat man auch den entsprechenden Hofstaat (allesamt irgendwie besondere Typen) und in der Regel auch das nötige Kleingeld, um sich ein Dasein in Würde leisten zu können.

Aber es reicht nicht, sich sein Lebtag lang nur im Glanz dieses Sternzeichens zu sonnen. Mit dem Aszendenten ist einem auch der Auftrag in die Wiege gelegt, dem Leben Glanz, Freude und Fröhlichkeit zu verleihen und den Mitmenschen eben Glück zu bringen. Das ist eine schwierige Aufgabe, denn für das, was ein glückliches Dasein wirklich ausmacht, mangelt es in unseren Zeiten immer mehr an Verständnis. Nur wenige leben in solch einem Glück und verbreiten es. Wir reden nicht vom Lottogewinn oder einer steilen Karriere, sondern von dem Glück, das Fröhlichkeit in die Augen zaubert, Selbstgewissheit schafft, einen mit Zuversicht in die Zukunft blicken lässt und in diesem Vertrauen sorglos macht. Das ist ausgesprochen rar.

Muss man nun, um solch ein Glück verbreiten zu können, über materiellen Reichtum verfügen? Wenn ja, womit soll jemand, der arm wie die sprichwörtliche Kirchenmaus ist, seinem Leben Glanz verleihen? Nun, erstens ist ein Mensch mit Löweaszendent niemals so bedürftig; zweitens geht es nicht um das persönliche, sondern um das Leben schlechthin; und drittens kann man selbst unter den kargsten Bedingungen wie ein Sonnenkönig wirken.

Die Schönheit der Natur beschränkt sich ja nicht auf eine Rose oder Lotusblüte, wir erkennen sie genauso bei einem Vergissmeinnicht oder Gänseblümchen. Nichts kann einen also daran hindern, Glück zu verbreiten, ein Glücksbringer zu sein – außer man selbst. Wenn ein Mensch mit jenem wunderbaren Aszendenten die Welt nicht für »würdig« erachtet, dieses Füllhorn zu empfangen, versündigt er sich durch solche Hybris an seiner Geburt und seinem Aszendenten. Die Sonne wählt nicht aus, wem sie ihr Licht schenkt und wem nicht. Sie verbreitet ihr Licht und ihren Glanz nicht, um zu imponieren. Das hat sie nicht nötig. Auch diese Menschen müssen nicht um Anerkennung buhlen. Bedeutsamkeit haben sie allein schon durch ihre Geburt unter dem aufgehenden Löwezeichen. Sie brauchen sich nichts mehr zu beweisen.
Älter zu werden fällt nur denjenigen schwer, die sich ausschließlich in ihrem Glanz sonnen, ihn aber nicht verschenken. Wer sich dem Leben hingibt, ergibt sich auch mit Leichtigkeit dem Tod.

Aszendenten-Check
Wie ergänzen sich Sonne und Aszendent? Das Sonnenzeichen Wassermann und das Aszendentenzeichen Löwe ergänzen sich großartig. Man wird damit immer Menschen finden, die einem weiterhelfen. Umgekehrt ist man beinah dafür geboren, in einer Gruppe der natürliche Anführer zu sein. Hierarchien sind einem allerdings eher unangenehm. Nimmt man selbst eine leitende Position ein, strebt man nach einem Mit- und keinem Übereinander.

Aszendent Jungfrau – Ein Prophet werden
Aszendentenstärken Zuverlässig, logisch,
nachdenklich, planend, vorausschauend, visionär
Aszendentenschwächen Pessimistisch, kritisch

Alles im Kosmos folgt einer Ordnung, entsteht, wächst, vergeht und fließt in einen neuen Zyklus ein. Menschen mit dem Aszendenten Jungfrau sind mit dieser Ordnung in spezieller Weise verbunden. Solche Nähe macht sie empfänglich für besondere Einsichten und Visionen und schenkt ihnen die Fähigkeit, Erfahrungen oder Botschaften – ähnlich dem Götterboten Hermes/Merkur – auf die Erde und unter ihre Mitmenschen zu bringen. Auch wenn sie sich dessen meist selbst nicht bewusst sind, sagen und tun sie zuweilen Dinge, die sich nur so erklären lassen. Menschen mit Aszendent Jungfrau warnen zum Beispiel vor Gefahren oder benennen Risiken. Das führt manchmal zu einer ausgesprochenen Medialität. Ich kenne viele Medien, Kartenleger oder Astrologen mit Jungfrauaszendent. Bei ihnen paart sich das Wissen um eine natürliche Ordnung mit höheren Eingebungen oder Inspirationen. Sie erkennen die Gesetze des physischen Daseins, wissen also, wie die »Räder des Lebens« ineinandergreifen, und bereichern diese darüber hinaus mit Ideen, die ihnen zufallen. Auch viele Psychologen, Therapeuten, Lehrer, Sozialarbeiter, Ärzte und Krankenpfleger mit dieser astrologischen Kombination bestätigen, dass sie jenseits von Wissen und Erfahrung über Quellen verfügen, die ihnen bei ihrer Arbeit von unschätzbarem Nutzen sind.

Grundsätzlich verfügt jeder Mensch mit Aszendent Jungfrau über einen Zugang und »bedient« damit sich selbst und seine Mitmenschen, erteilt Ratschläge, verweist auf Gefahren und Risiken, spricht Warnungen aus. Wenn man allerdings den Himmel als Ziel aus den Augen verliert und sich nur noch am irdischen Alltag orientiert, läuft man Gefahr, alles und jeden zu »benoten«. Daraus wird dann schnell Schwarzmalerei und Defätismus. Es gibt Menschen mit diesem Aszendenten, die die Angewohnheit haben, jeden Impuls mit dem typischen Aszendent-Jungfrau-Satz »Das klappt sowieso nie!« im Keim zu ersticken. Dass sie dann oft auch noch recht behalten, macht das Ganze nur noch schlimmer.

Fraglos befähigt dieser Aszendent zum »zweiten Gesicht«. Man vermag Phänomene zu »sehen«, die anderen verborgen bleiben, und besitzt »magische Flügel«, die in die Zukunft tragen. Dieses Wissen aber gilt es behutsam und verantwortlich einzusetzen. Sonst richtet es mehr Unheil an, als es Gutes bringt.

Im Alter wird die Kenntnis dessen, was auf die Jungfrauaszendenten zukommt, immer größer, bis sie wissen, was sie erwartet, wenn sie einmal hinübergegangen sind in eine neues Leben.

Aszendenten-Check
Wie ergänzen sich Sonne und Aszendent? Das Sonnenzeichen Wassermann und das Aszendentenzeichen Jungfrau ergänzen sich zwar, doch das Ergebnis ist nicht nur und automatisch positiv. Man stellt nämlich sehr hohe Ansprüche an sich, ist aber zugleich ein Mensch, der Egoismus verachtet und sich selbst eher im Hintergrund hält. Das bringt Schwierigkeiten, weil man mehr will, als man zu leisten bereit ist. Man sollte lernen, seine Ansprüche allmählich aufzubauen, und versuchen, sich selbst zu lieben. Ein weiteres Problem ist die Neigung, der Gefühlswelt einen geringeren Rang im Vergleich zur Verstandeswelt einzuräumen.

Aszendent Waage – Die Liebe finden
Aszendentenstärken Anmutig, charmant, stilvoll, liebesfähig
Aszendentenschwächen Abhängig, unecht

Menschen mit dem Aszendenten Waage sind die personifizierte Harmonie und verbreiten eine friedliche, angenehme Stimmung. Das Sein erleben sie dual, das heißt stets aus doppelter Perspektive. Bezieht jemand eine bestimmte Position, dann übernehmen sie beinah automatisch die entgegengesetzte. Dazu benötigen sie noch nicht mal ein Gegenüber. Auch in sich selbst geht es stetig hin und her, als gäbe es dort zwei sich widersprechende Parts und Perspektiven. So wie sie die jeweilige Gegenposition vertreten, können sie aber auch dann, wenn derartige Polaritäten schon gegeben sind, den gemeinsamen Nenner finden. Sie verbinden, vermitteln, gleichen aus, führen zusammen.
Menschen mit Waageaszendent werden in solche Familien und Ehen hineingeboren, in denen der Hausfrieden schiefhängt. Wenn

sich ein Paar streitet oder gar an eine Trennung denkt, kommt ein Kind mit Aszendent Waage, um in einem vielleicht letzten Versuch die Ehe zu kitten. Solche Kinder sind regelrechte Genies darin, bei Streithähnen Frieden zu stiften. Sie bringen einen »Sternenstaub der Versöhnung« auf die Erde, mit dem sich eine Trennung oft genug hinausschieben lässt. Diese Gabe haben auch Menschen, die unter dem Sternzeichen Waage geboren werden. Sie sind sogar noch erfolgreicher darin, Ehen zu retten. Wer mit dem Aszendenten Waage geboren wird, so habe ich mehrfach festgestellt, schiebt die Trennung eher auf, als dass er sie für immer verhindern könnte.

Die Bedeutung des Aszendenten liegt in der Betonung der Eigenheit oder Persönlichkeit, die einen Menschen ausmacht. Er ist Motor für das Bestreben, sich aus dem Sog der Familie und des Clans zu befreien, um ein eigenes Leben zu führen. Darum muss er irgendwann sein »Nest« verlassen und sein verbindendes Wirken aufgeben. Dennoch erleben Menschen mit dem Aszendenten Waage es dann doch als eine innere Niederlage, wenn sich ihre Eltern trennen. Sich die Logik klarzumachen, die dem Aszendenten innewohnt, vermag dann durchaus eine Hilfe zu sein.

Auch im Erwachsenenalter bleiben Menschen mit Waageaszendent der Liebe verpflichtet. Sie verschenken sie großzügig, wenn sie sie gefunden haben, und sind voller Inbrunst auf der Suche nach ihr, wenn sie ihnen gerade »entwischt« ist. Eigentlich jedoch ist ihr ganzes Leben ein Warten auf die ganz große Liebe. Warum bloß, wird man fragen, finden Menschen, die für die Liebe geboren sind, diesen einen und einzigen Partner so selten?

Die Antwort lautet: Es gibt ihn so nicht. Ein Partner, der Liebe pur ausstrahlt, nach Liebe riecht, nach Liebe schmeckt, ein Partner voller innerer und äußerer Schönheit, der göttlich lieben, sich geistreich unterhalten, sich vollständig hingeben kann und dennoch immer er selbst bleibt: Wo, bitte, findet sich solch ein Mann, solch eine Frau? Es ist der enorme Anspruch, der Menschen mit diesem Aszendenten im Wege steht. Er ist schlicht und einfach *zu* hoch. Die große Liebe der Waageaszendenten findet keine Erfüllung bei einem Wesen aus Fleisch und Blut. Erst wenn ihre Liebe zum Geschenk an das Leben wird – an ein Gedicht, an Musik, einen Baum –, fühlen sie sich am Ziel. Dann können sie jemanden auch aus ganzem Herzen lieben, weil diese Liebe nicht mehr so groß sein muss.

Vor allem im Alter strahlen Menschen mit Aszendent Waage eine Liebe aus, die auf niemand Bestimmtes mehr ausgerichtet ist und dennoch jedem zukommt. Dann wird auch irgendwann der Tod ein Teil des Lebens und verbindet sich mit ihm.

Aszendenten-Check
Wie ergänzen sich Sonne und Aszendent? Das Sonnenzeichen Wassermann und das Aszendentenzeichen Waage passen beinah zu gut zusammen. Der damit verbundene Einfallsreichtum kann nämlich so groß werden, dass man sich darin verliert.

Aszendent Skorpion – Unsterblich werden
Aszendentenstärken Furchtlos, unergründlich, bewahrend, leidenschaftlich
Aszendentenschwächen Misstrauisch, starr

Von dem großen Propheten Mohammed stammt der Satz: »Stirb, bevor du stirbst.« Und der Mystiker Jakob Böhme hat gesagt: »Wer nicht stirbt, bevor er stirbt, der verdirbt, wenn er stirbt!« So oder ähnlich lautet auch der Leib-und-Magen-Spruch von Menschen, die unter dem aufgehenden Skorpionzeichen geboren wurden. Das bedeutet in gar keiner Weise, dass sie real gefährdeter wären als andere. Im Gegenteil, Menschen mit dem Skorpion als Aszendent werden älter als die meisten und scheinen dabei noch robuster, also gesünder zu bleiben als ihre Zeitgenossen. Es geht auch beileibe nicht immer gleich um Leben und Tod. Diese beiden Wörter stehen nur symbolisch für das duale Lebensspiel, dem alles folgt: Kommen und Gehen, Begegnen und Trennen, Halten und Loslassen, Tag und Nacht, Plus und Minus. Jeder Mensch hat sich dieser Dualität zu stellen. Aber wer unter dem aufsteigenden Skorpionzeichen geboren wurde, ist ihr besonders ausgeliefert. Er muss in diesem »Fach« seinen Meister machen.

Ein wichtiger »Prüfungsstoff« auf dem Weg dorthin lautet, dem Schein zu misstrauen. Schon als Kinder entwickeln unter diesem Zeichen Geborene einen Blick für alles Falsche, Seichte und Aufgesetzte und schneiden notfalls tief ins »Fleisch«, wenn sie einen faulen Herd vermuten. Wozu? Weil Schwäche, Falschheit und Unaufrichtigkeit keinen Bestand haben vor dem Tod. Nur echte und starke »Materialien« können der Vergänglichkeit trotzen. Das bezieht sich auch auf ihre Beziehungen. Jeden potenziellen Partner, dem sie begegnen, unterziehen diese Aszendenten bewusst oder unbewusst einem sofortigen Check, um herauszufinden, ob der andere ihrem Wunschpartner entspricht, ob sie mit ihm – symbolisch gesagt – »dem Tod trotzen« können.

Kinder gehören natürlich zum Lebensskript dieser Menschen. Sie stehen sogar ganz oben in der Karmaliste. Von hundert Skorpionaszendenten bekommen 99 mindestens ein Kind – weil Kinder die sicherste Waffe gegen den Tod sind. In ihnen lebt es doch weiter, das Blut, das Erbe, der Name, die Erinnerung. Dass diese Regel nicht für jeden mit Aszendent Skorpion zutrifft, liegt lediglich daran, dass ein Horoskop eben nicht nur aus dem Aszendenten besteht.

Der Aszendent Skorpion verbindet ebenso mit den Ahnen. Es fällt einem daher immer auch die Aufgabe zu, sich um die Vergangenheit zu kümmern, sie in Ehren zu halten und sie – wenn nötig – in ein anderes Licht zu rücken, um (Karma-)Schulden einzulösen. Aber es existiert auch ein anderer Weg der Unsterblichkeit. Ich weiß von Menschen mit diesem Aszendenten, die keinerlei Angst mehr vor dem Leben haben und damit auch nicht vor dem Tod. Sie wissen, dass es immer weitergeht. Sie nehmen jeden Moment ihres Daseins als das Einzige, was zählt. Insofern sind sie unsterblich und ewig geworden. Diese Gnade erwächst aus der Hingabe an das Leben von Moment zu Moment, wie es im Aszendenten Skorpion angelegt ist. Wenn sich diese Energie aufrichtet, nach oben steigt, wird sie frei von jeglicher Schwere. Die Astrologie schuf dafür ein wunderbares Bild: Sie erhob den erlösten Skorpion zum weisen Adler. Befreit aus der Enge des stacheligen Skorpionpanzers entweicht dieser Vogel und hebt sich in den Himmel der Unendlichkeit.

Von Moment zu Moment leben bedeutet aber auch, jeden Augenblick loszulassen – auch dann, wenn es dereinst hinübergeht in eine andere Welt.

Aszendenten-Check
Wie ergänzen sich Sonne und Aszendent? Das Sonnen- und das Aszendentenzeichen sind sehr verschieden, was zu inneren Spannungen führen kann. Aber Probleme sind ja bekanntlich nicht nur hinderlich, sondern bringen auch weiter – und das ist bei dieser Kombination mit fortschreitendem Alter auch immer wahrscheinlicher. Am schwierigsten ist es, damit fertigzuwerden, sich sowohl eine tiefe Bindung zu wünschen, als auch frei und unabhängig bleiben zu wollen.

Aszendent Schütze – Seelenheiler werden

Aszendentenstärken Optimistisch, aufgeschlossen, mitreißend, jovial, beseelend
Aszendentenschwächen Unrealistisch, leichtgläubig

Eine Seele, die sich inkarniert, während sich im Osten das Tierkreiszeichen Schütze in den Himmel schiebt, wird immer von Trost und Hoffnung begleitet. Wer unter diesem Aszendenten geboren wird, dem haften wundersame Fähigkeiten an: Er vermag Wunden zu heilen, die die Zeit geschlagen hat, und kann – Engeln oder kleinen Göttern gleich – dem Schicksal Schönheit und Würde verleihen.

Noch bei jedem Menschen mit dieser Konstellation, der in meine Praxis kam, gab es in der Vergangenheit ein Unglück, das nach menschlichem Ermessen nicht hätte geschehen müssen. Angehörige starben beispielsweise bei einem unnötigen Einsatz im Krieg oder wegen fehlender oder falscher medizinischer Hilfe. Solche Tragödien werden in den Familien nicht ad acta gelegt, sondern an spätere Kinder weitergegeben, die dann mit einem Aszendenten Schütze auf die Welt kommen. Diese nehmen sich auf ihre Weise des »Versagens« vergangener Zeiten an und versuchen, das Schicksal von damals durch ihre Lebensführung zu verändern. Sie wollen verhindern, dass es noch einmal so schrecklich zuschlägt. Niemand bittet diese Menschen um Hilfe oder gar um Vergeltung. Nur die wenigsten von ihnen werden sich jemals bewusst darüber, was sie eigentlich tun. Und dennoch macht sich ein Anteil in ihnen von Kindesbeinen an auf den Weg, in das Schicksal einzugreifen. Sie kommen auf die Welt, öffnen die Augen und würden, könnten sie sprechen, sagen: »Jetzt komme ich und vertreibe eure Sorgen und bringe Hoffnung. Jetzt wird alles gut.«

Menschen mit diesem Aszendenten sind häufig noch mit achtzig fit und treiben gar Sport. Sie bleiben auch im Kopf rege. Zuweilen fällt ihnen die große Gnade zu, bewusst und klaren Geistes die Schwelle des Todes zu übertreten – wissend, dass dies nicht das Ende ist.

Aszendenten-Check
Wie ergänzen sich Sonne und Aszendent? Das Sonnenzeichen Wassermann und das Aszendentenzeichen Schütze sind bestens aufeinander eingestimmt und verhelfen zu großer Kreativität und Schöpferkraft. Am Bodenkontakt mangelt es zuweilen. Daher empfiehlt es sich, zwar denen zu misstrauen, die einen zu bremsen und zu behindern versuchen, aber gleichzeitig sollte man nach solchen Menschen Ausschau halten, die einem dabei helfen können, seinen Träumen Hand und Fuß zu verleihen.

Aszendent Steinbock – Wahrhaftig werden
Aszendentenstärken Sachlich, objektiv, gerecht, zäh, erfahren
Aszendentenschwächen Hart, kalt

Das Sternzeichen Steinbock regiert auf der nördlichen Halbkugel der Erde die kalte Jahreszeit. Daher begleitet auch jeden, der unter diesem Aszendenten auf die Welt kommt, ein Hauch winterlicher Stimmung – obwohl ihre Geburt schon in das Ende des Winters fällt. Damit verbunden ist eine große Widerstandsfähigkeit, auch wenn die nicht immer gleich vom ersten Atemzug an erkennbar ist. Menschen mit Steinbockaszendent kommen sogar öfter zart besaitet, zuweilen sogar mit einer Schwäche auf die Welt. Aber das Leben konfrontiert sie von Anfang an mit Härtetests nach dem Motto »Gelobt sei, was hart macht« bzw. »Du schaffst es, oder du hast hier nichts verloren«. Dieser rauhe Empfang verfolgt nur den einen Zweck: Widerstandskraft zu wecken, abzuhärten und einzustimmen auf ein Leben, das viel von einem verlangt. Das Neugeborene bekommt aber auch bedeutsame Unterstützung: Dieser Mensch wird Gipfel stürmen. Etwas Besonderes leisten. Ruhm und Ehren erlangen. Er wird kein Schwächling werden, keine »Schande« bringen, kein x-beliebiges Rädchen im Getriebe des Lebens sein. Wenn ein Kind mit Aszendent Steinbock das Licht der Welt erblickt, überkommen Familie und Sippe großer Stolz. Aber es zieht zugleich Kühle ein. Diese Kinder werden weder Wärme noch Gemütlichkeit verbreiten. Mit ihnen kann man auch nicht stundenlang zärtlich schmusen. Lässt man mal fünf gerade sein, fühlt man sich in ihrer Nähe sogar ein wenig schuldig.

Später sind sich Menschen mit Aszendent Steinbock ihrer selbst sicher und leben nach festen Prinzipien und Regeln. Durch ihre Klarheit gehen sie ihrem Umfeld oft als Beispiel voran, geben Orientierung und stehen mit gutem Rat bereit. Sie beeindrucken vor allem durch ihre Standfestigkeit, weswegen sie in Notsituationen gern aufgesucht werden. Ihre Geradlinigkeit und Sachlichkeit scheinen sie unanfechtbar zu machen. Und doch können gerade diese Eigenschaften sie ins Schleudern bringen. Denn wenn man zu sehr an der Materie haftet, wird man mit der Zeit hart und spröde.

Falls man meint, die Bestimmung bestehe ausschließlich darin, sich gegen die Wogen des Lebens zu stemmen, um erfolgreich zu sein, nimmt mit fortschreitendem Alter der Körper eine verspannte Haltung ein. Vor allem Rücken und Knie sind davon betroffen. Wenn man hingegen sein Handeln auf der Erde als vorübergehend betrachtet und die Ausrichtung nach oben nicht verliert, erfährt man durch kosmische Fürsorge den Trost, den man für sein hartes Dasein braucht. Vor allem aber erfährt man sein Leben als getragen von Sinn und Bestimmung. Von solchen Menschen geht dann tatsächlich ein inneres Leuchten aus, das anderen Kraft und Sicherheit verleiht.

Im Alter wird alles leicht. Die Unbeschwertheit vermischt sich mit Weisheit und schenkt den Betreffenden glückliche Jahre, so dass sie, kommt dereinst der Tod, leichten Fußes in die andere Welt hinübergehen können.

Aszendenten-Check
Wie ergänzen sich Sonne und Aszendent? Das Sonnenzeichen Wassermann und das Aszendentenzeichen Steinbock verkörpern völlig entgegengesetzte Kräfte. Infolge des Wassermannnaturells ist man eher aufgeschlossen, weltoffen und idealistisch. Die Steinbockveranlagung jedoch setzt einen unter Druck, vorsichtig, kritisch und distanziert vorzugehen. Dieser Widerspruch kann dazu führen, sich und anderen gegenüber sehr hart zu sein, was Schwächen und Fehler betrifft. Im Laufe des Lebens wird aus dem »Entweder-oder« allerdings ein »Und« bzw. ein »Sowohl-als-auch«. Es gelingt immer besser, beide Seiten zu leben.

Aszendent Wassermann – Einmalig werden
Aszendentenstärken Human, frei, unkonventionell, erfinderisch, individualistisch
Aszendentenschwächen Exzentrisch, nervös

Ein Mensch, der auf die Welt kommt, während am östlichen Horizont das Sternzeichen Wassermann aufgeht, ist voller Rätsel: Wer ist er? Woher stammt er? In aller Regel gleicht er weder der Mutter noch dem Vater, so dass zumindest bei Letzterem früh Zweifel an seiner Vaterschaft aufsteigen. Aber auch die Mutter blickt skeptisch auf ihr Kind und fragt sich im Stillen, ob es womöglich nach der Geburt vertauscht wurde, so wenig ähnelt es ihr oder ihrem Mann. Zunächst verwirren äußerliche Merkmale wie Nase, Augen und Haarfarbe. Später kommen Irritationen über sein Wesen und sein Verhalten dazu. Beinah befremdlicher ist jedoch die Tatsache, dass der Nachwuchs sein Anderssein anscheinend auch noch kultiviert. Er widersetzt sich allen Erwartungen und wehrt sich vehement dagegen, in irgendein Schema gepresst zu werden.

Was Menschen mit einem Wassermannaszendenten nicht ausstehen können, sind Gesetze und Regeln a priori. Sie hassen alles, was so ist, weil es so ist oder so zu sein hat. Für sie zählen Einsicht, Vernunft und Verstehen. Man könnte auch sagen, sie folgen einer Moral, die schon vor ihrer Geburt in ihr Hirn gepflanzt wurde.

Menschen mit Wassermannaszendent stehen von Kindheit an mit Autoritäten auf dem Kriegsfuß. Heftige Auseinandersetzungen während der Pubertät bleiben bei diesem ausgeprägt individualistischen Charakter kaum aus. Dass es solche Kinder früh aus dem Haus zieht, ist nur konsequent. Man lasse sie gehen. Sie finden ihren Weg hinaus – und auch wieder einen zurück.

Im Erwachsenenalter kommen auch diese lebhaften Wesen etwas zur Ruhe. Sie dürfen aufatmen. Allerdings sollten sie sich tunlichst ersparen, in einem allzu autoritären und hierarchisch gegliederten Umfeld zu arbeiten und zu leben. Das klappt mit diesem Aszendenten nicht. Passend sind Berufe mit kreativem Potenzial und möglichst offenen Arbeitszeiten. Vierzehn Stunden als Beleuchter beim Film, wovon nur acht Stunden bezahlt werden, machen zufriedener denn verbriefte acht Stunden als Beamter auf Lebenszeit. Menschen mit Aszendent Wassermann werden auch aus einem ersten Kuss nie gleich ein »Immer und ewig« machen. Sie sind ausgesprochen freiheitsliebende Wesen, die sich erst dann binden wollen, wenn sie viel Erfahrung gesammelt haben.

Das Alter überrascht: Sofern sie ihre Individualität und Besonderheit gelebt haben, erwartet sie ein vergnüglicher Lebensabend, an dem sie ihrem Bedürfnis nach Freiheit und Unabhängigkeit unvermindert nachgehen können. Haben sie sich jedoch diesen Drang »verkniffen«, können sie unter Umständen absurde Gewohnheiten entwickeln. Kommt dann der Tod, ist ihre Seele neugierig und gespannt, was dahinter beginnt.

Aszendenten-Check
Wie ergänzen sich Sonne und Aszendent? Beim »doppelten Wassermann« kommt es ganz darauf an, ob man vor oder nach Sonnenaufgang geboren ist. Wurde man vor oder auch genau bei Sonnenaufgang geboren, steht die Sonne im ersten Haus des Geburtshoroskops. Dann ist man ein besonders lebendiger, aktiver, idealistischer Mensch, für den alles, was über Wassermanngeborene im ersten Teil des Buchs geschrieben wurde, in besonderem Maße zutrifft. Was den Beruf angeht, sollte man danach streben, sich entweder selbständig zu machen oder Führungsaufgaben zu übernehmen.

Wurde man hingegen nach Sonnenaufgang geboren, ist man eher ein nachdenklicher, sensibler Mensch, der es nicht einfach hat, seine Wassermanneigenschaften zu leben. Man verfügt dafür über besondere mentale und künstlerische Begabungen und ist seiner Zeit häufig voraus. Durch unkonventionelles und schöpferisches Denken lassen sich neue (berufliche) Wege einschlagen. Wichtig ist, seine spirituelle Seite mit fortschreitendem Alter immer stärker zu fördern

Aszendent Fische – Ein Mystiker werden

Aszendentenstärken Geheimnisvoll, intuitiv, sensibel, mitfühlend, mystisch
Aszendentenschwächen Unsicher, unrealistisch

»Tat twam asi«: Dieser Satz entstammt der indischen Philosophie und besagt, dass Objekt und Subjekt, Ich und Du, nicht getrennt, sondern eins sind. Der große Philosoph Arthur Schopenhauer (1788–1860) bezieht sich auf diesen Satz, wenn er über das Mitleid oder Mitgefühl philosophiert. Er sieht die metaphysische Grundlage des Mitgefühls darin, dass wir im Grunde alle eins sind. Wir selbst sind es also, die im anderen leiden. Und wir helfen daher der eigenen Person, wenn wir praktisches Mitleid üben.
Tiere haben kein Mitgefühl oder höchstens Spuren davon. Kleinkinder können unendlich grausam sein und zeigen in aller Regel lange nichts von diesem Mitleiden, das Heranwachsende und Erwachsene zuweilen überfällt. Menschen mit dem Aszendenten Fische sind besonders davon betroffen. Ihr Herz krampft sich zusammen, wenn sie an einem Bettler vorbeigehen. Es kann ihnen die Tränen in die Augen treiben, wenn sie andere leiden sehen. Wann immer sie jemand braucht, sind sie zur Stelle. Selbstverständlich. Sich ständig ausnutzen zu lassen geht natürlich auch nicht. Manche Menschen mit Fischeaszendent verzweifeln an ihrer Empathie, weil sie von dem, was sie geben, nie etwas zurückerhalten. Es kommt sogar nicht selten vor, dass jemand mit diesem Aszendenten regelrecht hart und abweisend wird. Aber das ist nur ein Schutz gegen den weichen Kern und schadet letztlich dem Karma. Kinder mit Fischeaszendent sind zarte, sensible, sehr »durchlässige« Wesen, die die Gefühle anderer unmittelbar aufnehmen. Umgekehrt erkennt man sofort, wie es ihnen geht. Sind sie verstimmt, leiden sie, und zwar still und leise. Meist ist die Ursache ihres Kummers die Familie, für deren Schwierigkeiten sie sich »zuständig« fühlen. Die Pubertät kann schrecklich sein. Mit allen Mitteln wird um Anerkennung und Liebe gerungen, und man erliegt doch immer wieder dem »Wasser«, verliert sich und

geht unter. Glück hat, wer in seiner Familie mit Toleranz und Verständnis aufwächst. Das Unglück wiederum häuft sich zu einem Berg, wenn einem auch noch die Eltern vorwerfen, nicht so zu funktionieren wie andere. Das setzt sich im Erwachsenenalter fort. Nur sind es jetzt Chefs und Kollegen, von denen man abhängig ist. Menschen mit Fischeaszendent werden es sicher leichter haben, wenn sie in künstlerischen oder sozialen Bereichen arbeiten können. Dennoch sind es letztlich die Mitmenschen, die einem das Leben leichter oder schwerer machen, egal, ob man Krankenschwester oder Verkäuferin in einem Supermarkt ist.

Das Alter bringt hier die große Erleichterung. Dann endlich können die Betreffenden loslassen und müssen niemandem mehr was beweisen. Bis dahin haben sie dann auch längst herausgefunden, dass Alleinsein nicht Einsamkeit bedeutet, sondern sich dabei viel eher das Gefühl einstellt, »all-eins« zu sein. Das Loslassen schafft zudem Raum für neue Interessen oder versteckte Fähigkeiten. Vielleicht ergibt sich ein künstlerisches Hobby. Ich kenne Frauen, die noch mit siebzig Astrologie oder alternative Heilverfahren studieren.

Je älter sie werden, umso stiller und zurückgezogener leben Menschen mit diesem Aszendenten – vorausgesetzt, sie sind im Frieden mit ihrem Karma. So können sie dann auch irgendwann auf dem Strom des Lebens hinübertreiben in die Anderswelt.

Aszendenten-Check
Wie ergänzen sich Sonne und Aszendent? Diese Verbindung der Sonne im Zeichen Wassermann und Aszendent Fische verleiht große Einsicht und zwingt einen regelrecht zu einer lebenslangen Sinnsuche. Früher oder später wird jeder mit dieser Kombination seinen Blick von der unmittelbaren Realität weg in Räume richten, die transzendent sind. Die Bewältigung des Alltags ist zuweilen ein Problem, was man sich einfach zugestehen sollte. Dafür ist man ungeheuer sensibel, einfühlsam, fürsorglich und allem Seelischen gegenüber sehr aufgeschlossen. Man sollte versuchen, einen Weg zu finden, auf dem sich das großes Mitgefühl und die schöpferischen Anlagen einbringen lassen.

Der Mond – Die Welt der Gefühle

Die Welt, die monden ist
Vergiss, vergiss, und lass uns jetzt nur dies
erleben, wie die Sterne durch geklärten
Nachthimmel dringen, wie der Mond die Gärten
voll übersteigt. Wir fühlten längst schon, wie's
spiegelnder wird im Dunkeln, wie ein Schein
entsteht, ein weißer Schatten in dem Glanz
der Dunkelheit. Nun aber lass uns ganz
hinübertreten in die Welt hinein, die monden ist.
Rainer Maria Rilke (1875–1926)

Die Bedeutung des Mondes

In einem Schöpfungsmythos heißt es, der Mond sei ein Kind der Erde. Ein anderer beschreibt ihn als Teil unseres Planeten, den dieser aus sich herausgerissen und in den Himmel geschleudert habe, um damit Raum für das Wasser der großen Ozeane zu schaffen. Und dieses Wasser brachte der Erde Fruchtbarkeit. Zu letzterer Geschichte würde passen, dass das Volumen des Mondes, großzügig bemessen, etwa so groß ist wie der Raum, den alle Meere zusammen einnehmen.

Unter den Gestirnen am nächtlichen Himmel ist der Mond uns am nächsten und am vertrautesten. Er nimmt der Nacht ihre tiefe Dunkelheit und schenkt damit Trost und Hoffnung. Er ist uns so vertraut, dass wir in ihm menschliche Umrisse zu erkennen meinen: Seine Schatten bilden ein Gesicht, wir sehen eine alte Frau oder den Mann im Mond mit einem Reisigbündel auf dem Rücken. Er ist Gegenstand von Traumwelten. Wir besingen ihn in Gedichten und kraxeln mit Münchhausen an der Bohne zu ihm hoch oder umkreisen ihn mit Jules Verne.

Blicken wir zum Mond, erfahren wir Wandel und Veränderung: Täglich ist er ein Stück größer oder kleiner und geht früher oder später auf und unter. Manchmal ist er überhaupt nicht zu sehen, und dann wieder scheint er so hell, dass die Nacht fast zum Tag wird. Nimmt er zu, taucht er schon am Nachmittag als bleiches, fast durchsichtig erscheinendes Gebilde am Himmel auf, das von Stunde zu Stunde kräftiger wird, bis es sich hellweiß vom blauen Himmel abhebt. Nimmt er ab, bleibt er noch lange am Tageshimmel wie ein Phantom, das immer blasser und formloser wird, um sich schließlich wie ein Wolkengespinst in nichts aufzulösen. Das Geheimnisvolle, das Veränderliche, das Tröstende und das Ängstigende, das sind die unmittelbaren Begleiter des Mondes.

Als Gegenspieler zur brennenden Sonne bringt der Mond erfrischende Kühle. Und das ist eine wichtige Qualität. Vor allem in der südlichen Hemisphäre, besonders in den unendlichen Weiten der Wüsten, galt der Mond schon immer als Manifestation von Fruchtbarkeit, und das einfach deswegen, weil während eines Großteils des Jahres allein die Nacht die Kühle bringt, die Mensch und Natur benötigen, um zu leben und zu überleben. Die sich füllende und wieder leerende Schale am Himmel ist dort ein Symbol für Quelle und Wasser und damit für die wichtigsten »Schätze« der Wüste. Dass ein Land wie Tunesien, dessen Gebiet sich zu einem großen Teil über die Sahara erstreckt, den Mond in seinem Wappen trägt und ihm damit ein überragendes Denkmal setzt, ist weder ein Wunder noch ein Zufall.

Vom Wasser und Fruchtbarkeit bringenden Mond ist es nur ein kleiner Schritt zum größten Mysterium des Lebens, nämlich zu Schwangerschaft und Geburt. Die Astrologie verbindet den Mond mit dem Urweiblichen – von der Empfängnis über die Schwangerschaft und Geburt bis hin zum mütterlichen Stillen und dem Muttersein selbst. Die offensichtlichste Analogie zwischen Frau und Mond ist natürlich, dass sein Lauf von einem Vollmond bis zum nächsten genauso lange dauert wie ein weiblicher Zyklus, nämlich vier Wochen.

In allen Mythen, Geschichten und Erzählungen über den Mond wird er als weiblich, die Sonne hingegen als männlich gesehen. In den romanischen Sprachen setzt sich diese Tradition fort: So heißen Sonne und Mond im Italienischen *il sole* und *la luna*, im Französischen *le soleil* und *la lune*. Warum der Mond im Deutschen männlich, die Sonne hingegen weiblich ist, mag ein zufälliger Dreher sein. Zu vermuten ist allerdings, diese Zuordnung könnte bedeuten, dass in unserer Sprache ein Wechsel geschlechtsspezifischer Prägung möglich ist – mit allen Vor- und sämtlichen Nachteilen.

Der Mond also – gemeint jedoch ist die »Möndin« – stellt die Verkörperung alles Weiblichen dar. Dass dies automatisch nur auf Frauen zutreffen muss, ist damit keineswegs gesagt. Warum sollte ein Mann nicht »weiblich« sein können – und umgekehrt eine Frau nicht auch »männlich«? In manchen »Mondländern« jedenfalls ist die überkommene Fixierung der Geschlechterrollen zum Teil unerträglich: Es ist für die Gesellschaft sicher wichtig, dass Frauen als potenziellen Müttern Achtung entgegengebracht wird; aber es ist *ver*achtend, ihnen darüber hinaus keine Aufgaben zuzugestehen. Dass sie, wenn sie keine Kinder mehr bekommen können, nicht viel mehr »wert« sein sollen als eine Ziege oder ein Kamel, verletzt schlichtweg die Menschenwürde.

Zurück zum Mond: Er empfängt, geht schwanger, gebärt, nährt, hegt und pflegt. Genau das Gleiche »macht« er in unserem Horoskop, also mit uns: In dem Tierkreiszeichen, in dem er sich bei der Geburt gerade befindet, ist sein Standort, sein Zuhause. Dort will und muss er seiner Bestimmung nachkommen und wird im Laufe eines menschlichen Lebens empfangen, schwanger werden, gebären, nähren, hegen und pflegen.

Darin unterscheidet sich der Mond von der Sonne, die Energie und Vitalität in uns entzündet und damit Lebensfreude und Schaffenskraft stiftet. Der Mond empfängt. Er bekommt die Kraft und das Licht der Sonne, um zu leuchten, so wie in der traditionellen Rollenverteilung die Frau des Schutzes und der Versorgung durch den Mann bedarf. Aber der Schluss, Mondlicht wäre nur reflektierter Sonnenschein, ist falsch. Die Astrologie weiß von ureigenen Kräften des Erdtrabanten. Er transformiert Sonnenenergie. Um sich wenigstens etwas von dieser Umgestaltungskraft vorstellen zu können, sei auf den Vorgang von Zeugung und Schwangerschaft verwiesen: Der Same wäre dann der »Beitrag« der Sonne (des Mannes). Dass daraus schließlich ein menschliches Wesen wird, wäre wiederum die »Zugabe« des Mondes (der Frau). Bei der Sonne fragt der Astrologe: »Was kann ich? Wo ist mein größtes Potenzial?« Beim Mond fragt er: »Wo bin ich zu Hause? Wo fühle ich mich wohl? Wie erlebe und fühle ich? Wo will ich ›gebären und fruchtbar werden‹?« Und das ist natürlich in keiner Weise »nur« aufs Kinderkriegen beschränkt.

Der Mond als sich wandelnder himmlischer Geist war aber auch schon immer ein Symbol für das Innenleben. Verweist uns die Sonne auf unsere Fassade, die äußere Erscheinung, mit der wir uns der Welt präsentieren und von der wir uns wünschen, dass uns andere auch so erleben, verrät uns der Mond unsere Empfindungen, unsere Gefühle. Darüber sprechen wir nicht mit jedem, wir offenbaren sie nur den Menschen, die uns nahe sind und denen wir vertrauen. Das Sternzeichen, der Stand der Sonne, beleuchtet unser öffentliches Sein. Der Mond hingegen spielt im zwischenmenschlichen und damit eher im privaten Sein eine große Rolle.

Aber es geht noch tiefer, wird noch geheimnisvoller: Der Mond ist nicht nur zuständig für unser Innenleben. Er blickt auch in einem übergeordneten Sinn »dahinter«: Der Mond – die »Möndin« – öffnet ein Fenster in eine andere Dimension. In unserer westlichen Zivilisation ist der Zugang meist nur wenigen begnadeten Seelen möglich. Oft sind das Künstler. Ein wunderbares Beispiel ist das Gedicht von Rainer Maria Rilke über den Mond, das diesem Kapitel als Einstimmung vorangestellt ist. Aber auch während eines Sommeraufenthalts in Italien oder Griechenland lässt sich etwas vom Mythos Frau Lunas erahnen, dann nämlich, wenn sich wie aus dem Nichts heraus am helllichten Tag ein Geist am Himmel offenbart, der sehr viel später erst zum Mond wird. Noch viel deutlicher aber ist es in der Wüste, der Urheimat der Astrologie. Dort ist der Trabant kein fremdes Gestirn, sondern eine Göttin, die sich am Himmel zeigt und einen Türspalt offen lässt für diejenigen, die bereit sind, hinüberzuschauen. Der Mond verkörpert auch die heilige Schale der Taufe und die Einweihung in die Geheimnisse des Seins. Dort, wo er im Horoskop steht, findet sich die Gnade, an übersinnlichen Erfahrungen teilzuhaben. Er ist eine Pforte in das Reich der Mystik und Spiritualität. Der Mond führt zu Gott, nicht unser Zentralgestirn.

Frauen sind dem astrologischen Mond näher als ihrer Sonne. Sie müssten sich daher eigentlich auch eher an ihrem Mond- als an ihrem Sternzeichen orientieren. Es ist aber so, dass sich die gängige Astrologie an der Sonne und damit am Männlichen ausrichtet: Ein Sonnen- oder Sternzeichenhoroskop findet man beinah in jeder Zeitung, das Mondzeichenhoroskop hingegen in keiner einzigen.
Je mehr eine Frau allerdings aus ihrer klassischen Rolle einer Mutter und Hausfrau herauswächst und »ihren Mann steht«, desto stärker wird sie auch ihre Sonne leben. Allerdings wäre es völlig falsch, wenn sie den Mond dann unberücksichtigt ließe. Eine bewusste und emanzipierte Frau schöpft aus beiden: Führungsaufgaben, die von Männern grundsätzlich hierarchisch gelöst werden, packen Frauen anders an. Sie lassen mehr Nähe (Mond) zu und motivieren ihre Mitarbeiter dadurch auf einer persönlicheren Ebene. Auch bei Entscheidungen sind Frauen, die sowohl Logik (Sonne) als auch Intuition (Mond) zulassen können, Männern überlegen, die sich nur nach der Sonne richten.
Während Frauen ihren Mond eher unmittelbar selbst leben, neigen Männer dazu, sich eine Frau zu suchen, die ihrem Mond entspricht. Insofern gelten die Aussagen über die einzelnen Mondpositionen für Männer nur indirekt, sie beschreiben sozusagen »Suchbilder«. Ein solches Bild bezieht sich dann auf die Frau, mit der man zusammenleben will und die möglicherweise sogar die Mutter gemeinsamer Kinder wird.

☾ Der Mond ist der Hausplanet oder das herrschende Gestirn des Krebszeichens und übernimmt auch das Element des Zeichens, also Wasser. Das astrologische Symbol besteht aus zwei Halbkreisen – dem Ursymbol des Seelischen.

Auf den folgenden Seiten finden sich die zentralen Eigenschaften der zwölf Mondpositionen. Bei der individuellen Anwendung ist stets zu berücksichtigen, dass die Mondposition immer auch durch die Häuser und durch Verbindungen mit verschiedenen Gestirnen eine andere Färbung bekommen und im Einzelfall auch einmal stark von den hier genannten Deutungen abweichen kann.
Ihre exakte Mondposition lässt sich wieder über die Homepage des Autors herunterladen (www.bauer-astro.de).

Der Wassermann und seine Mondzeichen

Der Mond im Zeichen Widder – Temperamentvoll
Mondstärken Unternehmungslust, Impulsivität, Direktheit, Selbständigkeit, Ichhaftigkeit, Suche nach eigenständiger Wirksphäre, intensives Phantasieleben, musikalische oder bildnerische Begabung, Ideenträger sein, Erspüren von Macht
Mondschwächen Aggressivität, Spannung, Ungeduld, Nervosität

Die Botschaft des Mondes lautet: »Das Leben ist ein immerwährender Kampf. Sei wachsam und bereit. Lass dich nicht unterkriegen, sondern versuch dir einen der vorderen Plätze im Leben zu ergattern. Das ist deine Bestimmung. Du brauchst zwar Pausen, in denen du auftanken kannst, aber zu lange darfst du dich nie dem aktiven Leben entziehen. Sonst könntest du zurückfallen und untergehen. Du brauchst Erfolgserlebnisse. Sie sind der Stoff, der dich am Leben hält. Sei immer auf der Hut!«

Mond-Check
Wie weiblich macht dieser Mond? Nicht besonders stark. Widder ist ein sehr männliches Zeichen.
Wie mütterlich macht dieser Mond? Man wird ein »Kumpel zum Pferdestehlen«, aber kein ausgeprägter Muttertyp.
Wie gefühlvoll macht dieser Mond? Er macht sehr feurig. Aber das bedeutet nicht, dass man in Gefühlen geradezu badet.

Wie intuitiv macht dieser Mond? Sehr sensibel und unglaublich phantasievoll.
Was braucht man mit diesem Mond? Wärme, Selbstbestätigung, Aufmerksamkeit, Anerkennung.
Für den Mann: Wie lautet das Suchbild »(Mond-)Frau«? Sie soll temperamentvoll, ichhaft, bestimmend, aktiv sein und darf ruhig auch den Ton angeben.

Der Mond im Zeichen Stier – Erdverbunden

Mondstärken Lebensfreude, Genuss, gefestigtes Gefühlsleben, Naturliebe, Musikalität, Sammelleidenschaft, Gutmütigkeit, Häuslichkeit, Geschmack

Mondschwächen Antriebsschwäche, Materialismus, Geiz, Gier

Die Botschaft des Mondes lautet: »Du bist ein Kind der Erde. Verbinde dich daher stets mit ihr. Hier findest du alles, was du brauchst. Lass die Erde auch deine Lehrmeisterin sein. Lerne von ihr. Beobachte, wie alles mit einem Samen – also klein – beginnt und mit der Zeit immer größer wird. Sei geduldig, und Größe und Reichtum sind dir sicher. Lerne auch von der Mutter Erde, dass alles einem Kreislauf folgt. Sei also bereit, zu bestimmten Zeiten loszulassen, um dann wieder neu empfangen zu können.«

Mond-Check

Wie weiblich macht dieser Mond? Sehr weiblich. Er ist beinah so etwas wie der Inbegriff von Weiblichkeit.
Wie mütterlich macht dieser Mond? Kinder und Familie gehören zu ihm.
Wie gefühlvoll macht dieser Mond? Er beschert ein sehr natürliches und selbstverständliches Gefühlsleben.
Wie intuitiv macht dieser Mond? Man fühlt sich den Geschöpfen der Natur sehr nah und bezieht aus der Natur Kraft und Intuition.
Was braucht man mit diesem Mond? Seinen Platz, ein Zuhause, Sicherheit, einen gewissen Wohlstand.

Für den Mann: Wie lautet das Suchbild »(Mond-)Frau«? Sie soll praktisch, sinnlich und fürsorglich sein.

Der Mond im Zeichen Zwillinge – Heiter

Mondstärken Vielseitigkeit, Ausdrucksfähigkeit, Kontaktfreude, schriftstellerische Begabung, intuitives Erfassen anderer Menschen, gute Selbstdarstellung
Mondschwächen Oberflächlichkeit, Manipulation, Enttäuschungen, Zerrissenheit

Die Botschaft des Mondes lautet: »Du bist aus dem Element Luft geboren, leicht wie sie und grenzenlos. Das musst du dir als dein Lebensprogramm immer vor Augen halten: Niemand und nichts darf dich je einengen oder festhalten. Du wirst dich selbst binden und festsetzen, aber nie für immer und stets so, dass du jederzeit entweichen kannst. Deine Bestimmung ist, Menschen miteinander zu verbinden, ein Netz von Beziehungen zu erstellen. Unter Menschen fühlst du dich zu Hause.«

Mond-Check

Wie weiblich macht dieser Mond? Zwillinge ist ein männliches Zeichen und prägt entsprechend.
Wie mütterlich macht dieser Mond? Es ist absolut kein »Muttertyp« zu erwarten.
Wie gefühlvoll macht dieser Mond? Der Zugang zu tiefen Gefühlen fällt recht schwer.
Wie intuitiv macht dieser Mond? Menschen mit dieser Konstellation reagieren oft sehr intuitiv.
Was braucht man mit diesem Mond? Menschen um sich, Unterhaltung, Ansprache, Freunde.
Für den Mann: Wie lautet das Suchbild »(Mond-)Frau«? Sie soll kommunikativ, gebildet, unterhaltsam und freiheitsliebend sein.

Der Mond im Zeichen Krebs – Gefühlvoll

Mondstärken Für andere da sein, Erlebnistiefe, seelische Beeindruckbarkeit, ausgeprägtes Traumleben, starke unbewusste Kräfte, mütterlich und häuslich sein, starkes Innenleben, große Einfühlungsgabe, telepathische Fähigkeiten
Mondschwächen Täuschungen, unverstanden sein, Launenhaftigkeit, Mutterprobleme

Die Botschaft des Mondes lautet: »Du bist mir besonders nah. Fest sind wir miteinander verbunden. Daher veränderst du dich mit meinem Wandel: Werde ich schmäler, willst auch du dich verausgaben. Bin ich ganz verschwunden, ziehst du dich ebenfalls zurück. Umgekehrt ist es dir danach, dich zu zeigen, fröhlich und extravertiert zu sein, wenn ich wieder größer werde. Dir öffne ich auch – mehr als jedem anderen – ein Fenster, damit du hinüberschauen kannst in die Welt der Wunder.«

Mond-Check
Wie weiblich macht dieser Mond? Extrem weiblich.
Wie mütterlich macht dieser Mond? Eigene Kinder und eine Familie, für die man sorgen kann, gehören zu dieser Konstellation.
Wie gefühlvoll macht dieser Mond? Es entwickelt sich ein starkes Gefühlsleben.
Wie intuitiv macht dieser Mond? Träume und Intuition haben große Tiefe.
Was braucht man mit diesem Mond? Eine Familie, Kinder, immer wieder Zeit für sich.
Für den Mann: Wie lautet das Suchbild »(Mond-)Frau«? Sie soll die Mutter »seiner« Kinder werden, häuslich, liebevoll und fürsorglich sein.

Der Mond im Zeichen Löwe – Stolz

Mondstärken Darstellungskunst, Selbstvertrauen, Kreativität, Gerechtigkeitsempfinden, Unternehmungsgeist, schauspielerische Talente

Mondschwächen Theatralik, Übertreibung, Trägheit, Faulheit, Narzissmus

Die Botschaft des Mondes lautet: »Du hast einen besonders starken Mond, einen, der ständig in seiner vollen Größe zu sein scheint. Das führt dazu, dass du ein ausdrucksstarker, emotionaler Mensch bist. In dir entspringt eine Quelle ununterbrochener Kreativität und Inspiration, das äußert sich als starkes Phantasie- und Traumleben. Du musst Möglichkeiten finden, dein inneres Erleben nach außen zu transponieren. Du verkümmerst, wenn du dein Mondgeschenk nicht lebst.«

Mond-Check

Wie weiblich macht dieser Mond? Löwemond-Menschen sind feurig und stark.

Wie mütterlich macht dieser Mond? Sie übernehmen gern die Mutterrolle, um andere zu verwöhnen.

Wie gefühlvoll macht dieser Mond? Er weckt spontane, feurige Gefühle, die aber auch schnell wieder vergehen.

Wie intuitiv macht dieser Mond? Licht und Wärme nähren ihre Intuition und führen zu großer Kreativität und Schöpferkraft.

Was braucht man mit diesem Mond? Feuer, Wärme, Sonne, aber auch Bestätigung und Achtung: Daraus besteht dieses Lebenselixier.

Für den Mann: Wie lautet das Suchbild »(Mond-)Frau«? Eine starke Frau soll es sein, der man gern auch die Regie über Haus und Familie anvertraut.

Eine besondere Konstellation
Sie sind in der Vollmondphase (zwei Tage vor bis zwei Tage nach dem Vollmond) geboren und damit ein besonderer Mensch. Denn Sie tragen in sich die lebendige Spannung zwischen Mann und Frau am deutlichsten. Das führt zu einem reichen und faszinierenden Beziehungsleben. Es kann aber auch große Konflikte für Partnerschaft und Liebe bringen.

Der Mond im Zeichen Jungfrau – Vorsichtig

Mondstärken Vorhersehen können, Organisations- und Konzentrationsfähigkeit, Ordnungsliebe, Gespür für gesundheitliche Belange, bewusste Ernährung, Zugang zu geheimem Wissen
Mondschwächen Abhängigkeit von Zuwendung

Die Botschaft des Mondes lautet: »Das Leben ist keine Autobahn, auf der es immer geradeaus geht. Ein Weg voller Überraschungen erwartet dich. Daher ist es wichtig, dass du stets hellwach bist, um zu wissen, was kommt. Ich, dein Mond, habe dich deshalb auch mit der Gabe der Vorausschau ausgestattet, damit du nie im Dunkeln tappst. Aber du bist auch ein Erdzeichen, ein Kind unseres Planeten. Dies bedeutet, dass du mit der Zeit seinen gesetzmäßigen Lauf immer besser erkennst. Es hilft dir, dein Leben zu beruhigen. Lerne daher von der Erde und dem Wechsel der Jahreszeiten.«

Mond-Check
Wie weiblich macht dieser Mond? Er macht eher mädchenhaft als weiblich (und eher burschikos als männlich).
Wie mütterlich macht dieser Mond? Frauen mit dieser Mondstellung sind keine »schlechten Mütter«, fühlen sich aber oft zu etwas anderem berufen.
Wie gefühlvoll macht dieser Mond? Empfindungen gegenüber macht er eher misstrauisch.

Wie intuitiv macht dieser Mond? Die Erde offenbart ihr Wissen, so dass die Betreffenden es zum Beispiel auch für heilendes Wirken anwenden können.
Was braucht man mit diesem Mond? Kontakt mit Mutter Erde, Sicherheit, einen Lebensplan.
Für den Mann: Wie lautet das Suchbild »(Mond-)Frau«? Sie soll klug und praktisch sein, ihr Gefühlsleben unter Kontrolle haben, und sie darf sich nicht in Abhängigkeiten verstricken.

Der Mond im Zeichen Waage – Ausgewogen

Mondstärken Andere spüren können, gern unter Leuten sein, Kontaktfreude, Sinn für Ästhetik, Kunst, Schönheit, verbindend und ausgleichend sein, Gerechtigkeitsliebe
Mondschwächen Entscheidungsunfähigkeit, Antriebsarmut, Überempfindlichkeit, Abhängigkeit

Die Botschaft des Mondes lautet: »Du hast eine Art Wünschelrute, mit deren Hilfe du jedes Ungleichgewicht erspüren kannst. Lebt jemand in Disharmonie oder herrscht eine Unstimmigkeit zwischen Menschen, schlägt dein magisches Instrument augenblicklich aus. Am schnellsten reagierst du auf eigene Störungen, weswegen es für dich sehr wichtig ist, in Harmonie und Frieden zu leben und dein Umfeld entsprechend auszuwählen. Andere suchen dich auf, weil du sie nicht nur bestens verstehst, sondern auch dazu beiträgst, für Versöhnung und Eintracht in ihrem Leben zu sorgen.«

Mond-Check
Wie weiblich macht dieser Mond? Er macht zärtlich, einfühlsam und auch weiblich, aber nicht im Übermaß.
Wie mütterlich macht dieser Mond? Menschen mit dem Mond im Zeichen Waage können sich Kindern gegenüber schlecht durchsetzen.
Wie gefühlvoll macht dieser Mond? Stimmungen lieben sie, starke Emotionen aber bereiten Probleme.

Wie intuitiv macht dieser Mond? Man ist sehr sensibel und ungeheuer phantasievoll.
Was braucht man mit diesem Mond? Eine harmonische Umgebung und ausgeglichene Beziehungen.
Für den Mann: Wie lautet das Suchbild »(Mond-)Frau«? Sie muss feinsinnig, geschmackvoll, sehr einfühlsam und liebesfähig sein.

Der Mond im Zeichen Skorpion – Tiefgründig

Mondstärken Hinterfragen, aufdecken, im Krisenfall Stärke zeigen, okkulte Fähigkeiten, suggestive Ausstrahlung, großer Familiensinn
Mondschwächen Nicht loskommen von der Mutter, Despotismus, krankhafte Eifersucht, Misstrauen

Die Botschaft des Mondes lautet: »Da das Wesentliche, Eigentliche und Wahre in aller Regel nicht offensichtlich wird, ist es deine Bestimmung, dich bis ins Innerste der Menschen hineinzuspüren. Deinem Röntgenblick bleibt nichts verborgen. Jeden unterziehst du einer Prüfung, und nur wenn er sie besteht, lässt du dich auf eine Beziehung ein. Letztlich suchst du so ein Gegenüber, das dich ergänzt – dein Du –, um mit ihm eine Familie zu gründen. In deinen Kindern lebst du weiter. Sie geben dir Zukunft, auch wenn es dich nicht mehr gibt.«

Mond-Check
Wie weiblich macht dieser Mond? Menschen mit einem Skorpionmond verfügen über große weibliche Kräfte.
Wie mütterlich macht dieser Mond? Gute Mütter sind das – auch die Männer …!
Wie gefühlvoll macht dieser Mond? Man empfindet tiefe Gefühle und große Leidenschaft.
Wie intuitiv macht dieser Mond? Die Betreffenden sind visionär und haben magische Fähigkeiten.

Was braucht man mit diesem Mond? Vertrauen und Sicherheit.
Für den Mann: Wie lautet das Suchbild »(Mond-)Frau«? Sie muss stark und bereit sein für ein ehernes Bündnis und gemeinsame Kinder.

Der Mond im Zeichen Schütze – Sinnstiftend

Mondstärken Optimistisch, motivierend, begeisternd, vielseitig, schriftstellerische Talente, sportliche Fähigkeiten, gut im Ausland leben können
Mondschwächen Blauäugigkeit, Naivität, Phantasterei

Die Botschaft des Mondes lautet: »Du bist auf die Welt gekommen, um der Dunkelheit ein Ende zu bereiten, dem Guten und Gesunden zum Sieg über das Böse und Kranke zu verhelfen. Verstehen, einen Sinn verleihen, verzeihen – so lauten deine Waffen, mit denen du ins Feld ziehst und siegreich zurückkommst. Du bist wie eine heilige Schale, welche alle Waffen stumpf macht, die in sie gelegt werden. Schlimmes wird erlöst. Wunden können heilen. Friede kehrt ein.«

Mond-Check
Wie weiblich macht dieser Mond? Auch als Frau stehen diese Menschen leicht ihren Mann.
Wie mütterlich macht dieser Mond? Zu viel Mütterlichkeit ist ihnen suspekt.
Wie gefühlvoll macht dieser Mond? Man ist feurig, ekstatisch, aber nicht gerade gefühlvoll.
Wie intuitiv macht dieser Mond? Man verfügt über große Intuition und Seelenstärke.
Was braucht man mit diesem Mond? Eine Aufgabe, die etwas Sinnvolles zum Ziel hat.
Für den Mann: Wie lautet das Suchbild »(Mond-)Frau«? Sie muss selbständig, aktiv, sportlich sein. Man muss sich mit ihr auch geistig austauschen können.

Der Mond im Zeichen Steinbock – Überpersönlich

Mondstärken Klares Gefühlsleben, Selbstbeherrschung und Pflichtbewusstsein, Streben nach Objektivität und Durchsichtigkeit, Ernsthaftigkeit, Liebe zum Beruf

Mondschwächen Sich selbst zu negativ sehen, abhängig sein von beruflichem Erfolg, Gefühlskontrolle

Die Botschaft des Mondes lautet: »Du bist mit der Gabe gesegnet, das Allgemeine und Wesentliche auch im Einzelnen und Persönlichen zu erkennen. Das macht dich zu einer Person, die den Menschen in ihrer Gesamtheit verpflichtet ist. Dafür tritt das Persönliche und Individuelle bei dir zurück. Es wird unbedeutend. Du bist Wächter und Bewahrer des Seelischen, Stimmigen und Wahren.«

Mond-Check

Wie weiblich macht dieser Mond? Menschen mit dieser Mondposition sind sehr weiblich, ohne es immer nach außen hin deutlich zu zeigen.

Wie mütterlich macht dieser Mond? Auch ihre Mütterlichkeit ist ausgeprägt, aber nicht unbedingt für eigene Kinder.

Wie gefühlvoll macht dieser Mond? Man unterscheidet echte und wahre Gefühle von Emotionen, die vorgetäuscht werden.

Wie intuitiv macht dieser Mond? Die Betreffenden haben die Fähigkeit, Visionen zu entwickeln.

Was braucht man mit diesem Mond? Eine Aufgabe für die Allgemeinheit.

Für den Mann: Wie lautet das Suchbild »(Mond-)Frau«? Sie soll eine gewisse Persönlichkeit ausstrahlen, stark und selbständig sein.

Der Mond im Zeichen Wassermann – Schöpferisch

Mondstärken Sozial, human, freundlich, aufgeschlossen, ungebunden, Veränderungsliebe, Reisefreude, Erfindungsgabe, Intuitionskraft, Reformwillen

Mondschwächen Zwanghaft antiautoritäres Denken und Handeln, Verwirrtheit

Die Botschaft des Mondes lautet: »Du bist mit einer schöpferischen Quelle verbunden, in der ununterbrochen Neues geboren, Altes verwandelt und neu gestaltet wird. Das Unvorhersehbare, Neue und Fremde ist deine Heimat. Das führt manchmal dazu, dass du dir selbst in deinem Inneren fremd vorkommst, voller Widersprüche steckst und nicht mehr recht weißt, wer du bist und woher du kommst. Solche Phasen dienen aber der Vorbereitung eines neuen schöpferischen Schubs. Du darfst dich davon nicht verwirren lassen.«

Mond-Check

Wie weiblich macht dieser Mond? Männlich oder weiblich? Beide Seiten sind Menschen mit dieser Konstellation vertraut.

Wie mütterlich macht dieser Mond? Man ist der beste Gefährte und Freund aller Kinder, aber nicht der klassische Muttertyp.

Wie gefühlvoll macht dieser Mond? Stimmungen sind wunderbar. Emotionen gegenüber sind die Betreffenden misstrauisch.

Wie intuitiv macht dieser Mond? Er schenkt Offenbarungsträume, in denen Hinweise für den eigenen Lebensweg erhalten sind.

Was braucht man mit diesem Mond? Anregungen, Veränderungen und die Möglichkeit, sich schöpferisch betätigen zu können.

Für den Mann: Wie lautet das Suchbild »(Mond-)Frau«? »Etwas Besonderes« soll sie sein – frei, unabhängig – und sich von anderen Frauen unterscheiden.

Eine besondere Konstellation

Sie sind in der Neumondphase (zwei Tage vor bis zwei Tage nach Neumond) geboren. Sie sind damit ein besonderer Mensch. Denn in Ihnen ist eine große Sehnsucht nach inniger Nähe zu geliebten Menschen, die Sie in einer erfüllten Partnerschaft zu verwirklichen versuchen.

Der Mond im Zeichen Fische – Geheimnisvoll

Mondstärken Medialität, heilerische Qualitäten, Kraft durch Glauben, Sensibilität, Liebe für andere, Liebe zur Schöpfung, verlässliches instinkthaftes Gespür
Mondschwächen Wirre Phantasievorstellungen, Unsicherheit, Bindungslosigkeit

Die Botschaft des Mondes lautet: »Du bist wie der Mond, der sich am Vormittag noch am blauen Himmel zeigt, bis er mit ihm auf rätselhafte Weise verschmilzt – schillernd, beinah durchsichtig und im Inneren zerbrechlich und fein. Du bist dem Gefäß, in dem die Seele wohnt, sehr nah und weißt, dass man sie nicht fassen kann. Sie zeigt sich nur denen, die ohne Absicht sind, Kindern und Heiligen. Du bist voller Liebe für alles, was unvollkommen ist, kannst heilen und versöhnen.«

Mond-Check

Wie weiblich macht dieser Mond? Äußerst weiblich.
Wie mütterlich macht dieser Mond? Menschen mit einem Fischemond fühlen sich als Mutter der gesamten Schöpfung.
Wie gefühlvoll macht dieser Mond? Man ist unglaublich gefühlvoll.
Wie intuitiv macht dieser Mond? Mehr an Intuition weist keine der anderen Mondstellungen auf.

Was braucht man mit diesem Mond? Stille, Einkehr, Liebe und Verständnis für die geheimnisvollen Seiten des Seins.
Für den Mann: Wie lautet das Suchbild »(Mond-)Frau«? Sie soll liebevoll, geheimnisvoll, fast engelhaft sein.

Merkur – Schlau, beredt, kommunikativ und göttlich beraten

Die Bedeutung Merkurs

Der römische Gott Merkur entspricht ganz dem Hermes der griechischen Mythologie. Er war ein ausgesprochen schillernder Gott, versehen mit zahlreichen Eigenschaften und Funktionen. Respekt und Bewunderung erwarb er sich durch Klugheit und Raffinesse. So stahl er, gerade erst als Sohn des Jupiter bzw. Zeus und der Nymphe Maia geboren, dem Gott Apoll eine Rinderherde. Von diesem zur Rede gestellt, spielte er auf einem mit Fell und Saiten versehenen Schildkrötenpanzer derart gekonnt auf, dass Apolls Zorn verflog und er ihm die Rinder im Tausch gegen das Musikinstrument überließ. Ganz nebenbei hatte Merkur auf diese Weise die Lyra erfunden, jenes zauberhafte Instrument, mit dem später Orpheus Menschen wie Götter verzauberte.

Gott Merkur war also klug und listig, und genau diese Fähigkeit verleiht er auch dem Menschen. Er macht beredt, erfinderisch und verhilft einem auch mal zu einer guten Ausrede. Wegen seiner listigen Eigenschaften wurde er zum Gott der Kaufleute, Diebe und Bänkelsänger. Seine Fröhlichkeit machte ihn zum Schutzpatron all derjenigen, die auf heiteren Wegen wandeln. Und sein Diebstahl der Kühe ließ ihn selbstredend zum Gedeihen der Viehherden beitragen. Infolge seiner Lust am Reden und seines Talents, sich allemal in ein günstiges Licht zu setzen, wurde er der göttliche Freund all derer, die viel sprechen, schreiben und auf der Bühne stehen: Dichter, Sänger, Schauspieler, Politiker, Talkmaster, Ansager, Komiker, Artisten oder Musiker. Wie wir denken, reden, kommunizieren, uns darstellen und uns verkaufen, das alles verrät die Position Merkurs in unserem Horoskop. Er verkörpert unsere unbeschwerte Seite und den leichtesten Weg, den man gehen kann. Aber Merkur hat noch mehr auf Lager: Bei den Griechen galt er als Diener Jupiters und als Götterbote, der zwischen dem Olymp, dem Wohnort der Unsterblichen, und den Menschen drunten auf der Erde vermittelte. Und er begleitete auch die Seelen der Verstorbenen in die Unterwelt. Er besaß geflügelte Sandalen und einen geflügelten Hut, damit er rasch hin und her eilen konnte. Ein weiteres Attribut war sein goldener Heroldsstab, der Kerykeion, ein Zauberstab.

Hermes überbrachte also den Willen seines Vaters Zeus. So führte er zum Beispiel in dessen Auftrag Hera, Athene und Aphrodite zum Idagebirge, wo Paris den goldenen Apfel der – seiner Wahl nach – schönsten der Frauen überreichen sollte. Seine Entscheidung für Aphrodite, die ihm dafür Helena versprochen hatte, löste später bekanntlich den Trojanischen Krieg aus.

Tatsächlich fungiert Merkur auch in der Astrologie als eine Art Empfangs- und Sendestation. Wo er sich in unserem Horoskop befindet, sind uns die Götter besonders nah und übermitteln uns ihre Botschaften und Nachrichten. Umgekehrt können wir dort die Götter am ehesten erreichen.

Merkur ist der sonnennächste Planet. Er zieht seine Kreise um unser Zentralgestirn so eng, dass er sich nie mehr als maximal ein Zeichen von der Sonne entfernen kann. Das führt auch dazu, dass in vielen Horoskopen Merkur die gleiche Tierkreiszeichenposition einnimmt wie die Sonne.

☿ Das astrologische Symbol besteht aus einer Schale, einem Kreis und dem Kreuz. Die Schale symbolisiert seelische Empfänglichkeit. Der Kreis steht für die Dimension des Geistes, das Kreuz für Materie. Das Symbol in seiner Gesamtheit signalisiert, dass Seele und Geist über der Materie stehen und sie dominieren.

Auf den folgenden Seiten finden sich die wichtigsten Eigenschaften der Merkurposition von Wassermanngeborenen. Bei der konkreten Anwendung ist auch hier zu berücksichtigen, dass die Konstellation durch Verbindungen mit verschiedenen weiteren Gestirnen immer eine andere Färbung bekommen und im Einzelfall auch einmal stark von den genannten Deutungen abweichen kann.

Die exakte Merkurposition lässt sich wieder über die Homepage des Autors herunterladen (www.bauer-astro.de).

Der Wassermann und seine Merkurzeichen

Merkur im Zeichen Steinbock – Objektives Denken
Merkurstärken Gründliches, sachliches, konzentriertes, erfahrungsorientiertes Denken
Merkurschwächen Starrsinn

Die Botschaft Merkurs lautet: »Dein Denken ist sachlich, genau und praktisch. Du beziehst dich in deinen Überlegungen auf eigene Erfahrungen, bist aber auch offen für Erfahrungen zuverlässiger Herkunft. Das verleiht dir Sicherheit und Glaubwürdigkeit. Darüber hinaus führt meine Anwesenheit im Zeichen Steinbock zu einem grundsätzlichen Misstrauen. Du neigst dazu, dich – vielleicht ohne es selbst zu bemerken – als ›letzte Instanz‹, als entscheidendes Prüfungsorgan zu verstehen. Gleich einer Art TÜV suchst du nach Fehlern und Missständen, und du übersiehst dabei nichts. Neuem gegenüber bist du besonders skeptisch. Bei Inspektionen, Korrekturen, wissenschaftlichen Arbeiten und überall sonst, wo es gilt, Fehler zu vermeiden, bist du unübertroffen. Du verleihst Ideen den tragfähigen Grund, und du bist die beste Garantie dafür, dass Pläne und Vorhaben zu Ende geführt werden.

Aber ich, der Steinbockmerkur, beschere dir auch Schattenseiten. Manchmal nimmst du durch deine kritische Art anderen die Lust. Du kannst eine Aura des Misstrauens und Pessimismus verbreiten. Im zwischenmenschlichen Bereich wirkst du unterkühlt und abweisend. Du musst achtgeben, dass du das Kind nicht mit dem Bad ausschüttest. Frag dich selbst, wie konstruktiv deine Einwände sind. Halt dich zurück, wenn es um die Entwicklung neuer Ideen geht. Beobachte zuerst, bevor du dich einschaltest. Es wäre traurig, wenn du deine große, von mir erhaltene Begabung durch Kleinlichkeit und Unüberlegtheit zunichtemachtest.«

Merkur-Check
Ist man mit diesem Merkur kontaktfähig? Auf andere zuzugehen fällt schwer. Sicher ist man nur im sachlichen Austausch.

Was bringt einen »den Göttern« näher? Erfolgreich mit seiner Arbeit voranzukommen, seine Annahmen bestätigt zu finden, Anerkennung zu erlangen.

Merkur im Zeichen Wassermann – Originelles Denken
Merkurstärken Außergewöhnliche Denkbegabung, Einfallsreichtum, Erfindergeist
Merkurschwächen Unkonzentriert, unsachlich

Die Botschaft Merkurs lautet: »Ich, dein Merkur, befähige dich zu abstraktem und originellem Denken. Du bist wach, hast einen lebhaften Verstand und bist ziemlich vorurteilsfrei. Du kannst Zusammenhänge rasch erfassen und leicht Beziehungen herstellen. Oft versuchst du dabei neue und ungewöhnliche Strategien. Dein ›Gehirn‹ ist daher wie geschaffen für Geniestreiche, Erfindungen und Erneuerungen. Immer dann, wenn es nach altem Muster nicht weitergeht, bist du gefragt.
Probleme bekommst du mit Menschen, die sich auf eingeschliffene Erfahrungen berufen. Jemand, der sagt: ›Das war doch schon immer so!‹, geht dir gegen den Strich. Auch wenn sich Denken und Gefühl miteinander vermischen, regt sich dein Widerstand. Die Gefahr besteht, durch deine Art mit der Zeit distanziert zu werden und am Ende isoliert dazustehen. Dabei bist du ein überaus sozialer Mensch, der Gespräche über Gott und die Welt schätzt. Kommst du in Fahrt, entpuppst du dich als ein großartiger Entertainer. Aber wie gesagt, du musst am ›Puls‹ der Menschen bleiben und darfst ihre Gefühle und Erfahrungen nicht despektierlich betrachten.«

Merkur-Check
Ist man mit diesem Merkur kontaktfähig? Man kann gut mit anderen Menschen auskommen.
Was bringt einen »den Göttern« näher? Innovative Ideen verfolgen, ungewöhnliche Methoden anwenden, frei und unkonventionell denken.

Merkur im Zeichen Fische – Intuitives Denken
Merkurstärken Tiefgründiges, emotional-instinktives Denken
Merkurschwächen Unkonzentriert, unsachlich, subjektiv, launenhaft

Die Botschaft Merkurs lautet: »Deine Gefühle mischen sich oft in deinen Verstand ein und färben ihn subjektiv: Du denkst manchmal ›mit dem Bauch‹. Zu welchen Schlüssen du kommst oder welche Ideen du hast, hängt stark davon ab, wie es dir gerade geht, was du erlebst oder wie du dich fühlst. Auf der anderen Seite erreicht dein Denken auf diese Art Tiefe und Komplexität.
Mit mir, deinem Merkur im Zeichen Fische, besitzt du eine Art Instinkt, ein Wissen, das weit über normales Erfassen und Verarbeiten von Eindrücken hinausreicht: Ahnungen und Erinnerungen aus deinem Unterbewusstsein, manchmal auch wie aus einer anderen Welt oder gar aus einem früheren Leben. Dein Problem ist dann, nicht zu wissen, was du glauben sollst. Da ist einerseits die reale Welt, die sich auf Logik oder Erfahrungen beruft – und dort bist du mit deinen besonderen Quellen, aus denen du schöpfst. Wichtig ist, dass du beide Seiten anerkennst. Mit mir bist du ein Grenzgänger, vielleicht zwischen den Welten. Auf andere zuzugehen fällt dir nicht leicht. Du gehst davon aus, jeder sei ebenso empfindsam wie du und wolle nicht ›gestört‹ werden. Das ist natürlich ein Irrtum. Andere warten vielleicht gerade darauf, angesprochen und unterhalten zu werden. Du solltest dich daher öfter dazu ermutigen, selbstbewusster und selbstsicherer aufzutreten.«

Merkur-Check
Ist man mit diesem Merkur kontaktfähig? Nein, eher scheu und schüchtern, und man traut sich nicht, auf andere zuzugehen.
Was bringt einen »den Göttern« näher? Meditation, Stille, für sich sein.

Venus – Die Liebe

Die Bedeutung der Venus

Kurz nach Sonnenuntergang – der Westen badet sich noch in goldenem Rot, im Osten kündet stahlblauer Himmel die Nacht an – kann man sie sehen, die Venus. Sie ist so hell, dass man sie manchmal mit den Lichtern eines Flugzeugs verwechselt. Und in Gegenden, die nicht künstlich erleuchtet sind, überkommt den Betrachter bei ihrem Anblick das Gefühl einer außerirdischen Begegnung. Der Tag geht zur Ruhe, Venus läutet den Feierabend ein, jene Zeit, die weder der Arbeit noch dem Schlaf gehört, sondern der Muße – und der Liebe.

Aber Venus verzaubert nicht nur den Abend, sondern auch den Morgen. Denn die Hälfte des Jahres läuft sie, wie wir es von der Erde aus sehen, der Sonne nach, und sie steht dann als Venus des Abends nach Sonnenuntergang noch einige Zeit am Abendhimmel. Die andere Hälfte jedoch läuft sie der Sonne voraus und steigt als Venus des Morgens vor der Sonne über den östlichen Horizont als strahlende Botin des neuen Tages.

Venus oder ihr griechisches Pendant Aphrodite trug den Beinamen »Schaumgeborene« (griechisch *aphrós* = »Schaum«). Einem Mythos zufolge hat Kronos (Saturn[us]), der Vater des Zeus, seinen Vater Uranos mit der Sichel entmannt und das Zeugungsglied bei Zypern ins Meer geworfen. Aus dem Schaum, der sich dabei bildete, ist die Göttin der Schönheit entstanden.

Sie galt als die fruchtbare Patronin des blühenden Frühlings und der überströmenden Frühlingslust. Sie war die Beschützerin der Gärten, Blumen und Lusthaine. Ihre Lieblingsgewächse waren Myrten, Rosen und Lilien, ihre Frucht der Apfel, ihre bevorzugten Tiere Widder, Böcke, Hasen, Tauben und die bunten Schmetterlinge. Vor allem aber war Venus/Aphrodite eine Frau, deren unvergleichliche Schönheit die Männer betörte. Man fand schier kein Ende, all ihre Reize aufzuzählen: göttlicher Wuchs, strahlende Augen, verlockender Blick, rosenknospiger Mund, zierliche Ohren, reizender Busen und dergleichen mehr.

Im Vergleich zu ihr sah ihr hässlicher, hinkender Ehemann Hephaistos, der Gott des Erdfeuers und Schutzgott der Schmiede, ziemlich alt aus, wie man heute sagen würde. Jeder fragte sich, wie diese Schönheit einem so grobschlächtigen Mann zugetan sein konnte, auch Venus selbst: Sie nutzte denn auch jede Gelegenheit zu einem Seitensprung. Der bekannteste und folgenreichste war wohl jener mit Mars, dem Amor entstammte, der spitzbübische Junge mit den heimtückischen Liebespfeilen.

Die schöne Venus bekam ein würdiges Denkmal am Himmel: Das hellste Gestirn wurde nach ihr benannt. Je nach Position kündet Venus als »Abendstern« den Feierabend, vor Sonnenaufgang die nahende Morgenröte an.

»Venus« ist ein anderes Wort für »Liebe, Lust, Zärtlichkeit, Leidenschaft, Zweisamkeit, Anziehung, Nähe, Knistern, Flirten, Sehnsucht, Verschmelzung, Sinnlichkeit« und so fort. Aber jede Venusposition in den Tierkreiszeichen gibt all diesen Facetten der Liebe eine andere Färbung, ein bestimmtes Gewicht, einen spezifischen Glanz.

♀ Das astrologische Symbol besteht aus einem Kreuz und einem Kreis. Letzterer symbolisiert den Geist. Das Kreuz wiederum ist ein Sinnbild für die Materie: Der Kreis steht über dem Kreuz, er lenkt die Materie, führt sie zur Vollendung in der Liebe.

Auf den folgenden Seiten finden sich die bedeutendsten Eigenschaften der Venusposition von Wassermanngeborenen. Bei einer konkreten Anwendung ist wieder zu berücksichtigen, dass die Konstellation durch Verbindungen mit verschiedenen weiteren Gestirnen unter Umständen eine andere Färbung bekommt und im Einzelfall möglicherweise stark von den hier genannten Deutungen abweicht.

Auch die exakte Venusposition kann über die Homepage des Autors heruntergeladen werden (www.bauer-astro.de).

Der Wassermann und seine Venuszeichen

Venus im Zeichen Widder – Stürmische Liebe

Venusstärken Spontan, direkt, feurig, leidenschaftlich, begeisterungsfähig, kunstliebend
Venusschwächen Egoistisch, überfordernd, zu einer übereilten Bindung führend, übertrieben, verschwenderisch

Die Botschaft der Venus lautet: »Besonders feinfühlig bist du nicht. Du sagst ohne Verschnörkelung, was du denkst. Dafür hast du auch nichts gegen einen klärenden Krach. Hinterher ist die Luft wieder reiner. Und was zu Bruch geht, war ohnehin nur eine Scheinidylle. Das klingt nach einem einfachen, kindlichen Gefühlsleben. Mag sein. Aber dafür bleibst du jung, erfrischend, charmant und immer für eine Überraschung gut – also ein probates Gegengift bei Langeweile. Und du bist nicht nachtragend. Du kommst leicht in Fahrt, spuckst auch mal Feuer und Galle, aber die Versöhnung ist auch nicht weit – und dann besonders süß.«

Venus-Check
Kann man mit dieser Venus gut allein sein? Eher nicht, aber man kommt schon zurecht.
Braucht man mit dieser Venus Sicherheit? Nicht so sehr, eher Lust, Unterhaltung und Vergnügen.
Besteht diese Venus auf Treue? Nicht ausgesprochen.
Macht diese Venus eifersüchtig? Ja, sogar extrem. Konkurrenten sind unausstehlich.
Findet man leicht einen Partner? Jederzeit. Man braucht nur loszuziehen.

Venus im Zeichen Schütze – Flammende Liebe

Venusstärken Unabhängig, frei, verfeinerte und vergeistigte Ansicht von Liebe, große Vorstellungskraft, erfinderisch, feurig, wahrhaftig, selbstsicher
Venusschwächen Prahlerisch, bindungsunfähig, zur Untreue neigend

Die Botschaft der Venus lautet: »Das astrologische Zeichen Schütze symbolisiert keine ruhmreichen Krieger, auch keine kosmischen Sportsmänner oder -frauen, sondern Fabelwesen mit Pferdeleib und menschlichem Oberkörper. Im griechischen Mythos trugen sie den Namen ›Kentauren‹. Mensch und Tier sind natürlich Metaphern für (menschlichen) Geist, Verstand, Einsicht und Weisheit einerseits und (tierische) Lust, Sex, Gier und Triebhaftigkeit andererseits. Genau zwischen diesen beiden Polen spielt sich dein Liebesleben ab: ›La belle et la bête‹ – erkennst du dich? Du bist die oder der schöne, sanfte Geliebte, die oder der ein fremdes Wesen nach Hause trägt, es pflegt und zähmt und wärmt und ihm ›die Wunden leckt‹ …

Und das Spiel funktioniert genauso gut auch umgekehrt: Dann bist du das wilde Tier, die pure Gier, und dein Partner reagiert aus dem Kopf heraus, gibt sich ein bisschen weise, ist aber in jedem Fall meilenweit entfernt von seiner eigenen Lust, die du ihm wieder schenken willst. Werden beide Seiten wie Himmel und Hölle auf ewig miteinander ringen? Wer weiß? Sicher ist, dass Menschen mit der Venus im Zeichen Schütze oft solo leben, sehr selbstbewusst sind und von den lustvollsten Erfahrungen mit den unterschiedlichsten Partnern zu berichten wissen. Beweist das nicht, dass das Spiel zwischen Himmel und Hölle viel spannender ist als der brave Mittelweg?«

Venus-Check

Kann man mit dieser Venus gut allein sein? Kein Problem. Man findet immer Begleitung.
Braucht man mit dieser Venus Sicherheit? Keinesfalls, sondern Abenteuer.

Besteht diese Venus auf Treue? Nein, aber unbedingt auf Fairness.
Macht diese Venus eifersüchtig? Da muss man durch.
Findet man leicht einen Partner? Ja, und zwar rund um den Globus.

Venus im Zeichen Steinbock – Beherrschte Liebe
Venusstärken Entwicklungsfähig, tief, erdig,
verbunden, ehrgeizig, strebend
Venusschwächen Gefühlskalt, verstimmt, melancholisch

Die Botschaft der Venus lautet: »Partner, die beim Liebesakt wie Hirsche röhren, ohne den anderen nicht einschlafen können und nur aus Angst vor dem Alleinsein in einer Beziehung bleiben – dies alles ist nicht deine Vorstellung von Liebe! Du nimmst die Liebe selbst in die Hand, bestimmst, wie es läuft, und hast deine Gefühle im Griff. Du kannst auch allein sein – weißt aber sehr wohl, wie man sich eine(n) Liebhaber(in) besorgt.
Ein bisschen cool bist du auch. Der Steinbock ist ein Winterzeichen und befindet sich als solches eher auf dem Rückzug, auf der Suche nach Schutz. Damit kommt man aber schwer an dich heran. Das musst du verstehen! Irgendwann in deinem Leben war es ›eiskalt‹. Vielleicht wurde deine Liebe sogar schon als Kind missbraucht. Sich zu schützen war lebenswichtig. Aber nichts bleibt immer so, wie es ist. Selbst nach dem kältesten Winter folgt der Frühling.«

Venus-Check
Kann man mit dieser Venus gut allein sein? Ja, das ist sogar eine Stärke.
Braucht man mit dieser Venus Sicherheit? Nein, man selbst ist sicher.
Besteht diese Venus auf Treue? Ja, und zwar absolut. Untreue löst den Rachereflex aus.
Macht diese Venus eifersüchtig? Nein, nicht besonders.
Findet man leicht einen Partner? Nein, dazu ist man zu anspruchsvoll.

Venus im Zeichen Wassermann – Utopische Liebe

Venusstärken Frei, originell, fair, aufgeschlossen, unabhängig, kameradschaftlich
Venusschwächen Unpersönlich, distanziert, fremd, bindungsunfähig

Die Botschaft der Venus lautet: »Du bist wie jener Vogel, der freiwillig im Käfig bleibt und wunderschön zwitschert, solange die Tür sperrangelweit offen steht. Macht es ›schnapp!‹, die Tür ist zu, beginnt der Vogel zu kreischen und zu toben. Nichts zu machen! Deine Liebe ist klaustrophobisch. Manchmal flippst du schon aus, wenn jemand die Fenster schließt oder beim Schlafen den Arm um dich legt. Das hat überhaupt nichts mit mangelnder Liebe zu tun: Deine Liebesfähigkeit ist über jeden Zweifel erhaben. Aber du brauchst ›Luft‹, Spielraum, Freiheit. Eifersucht, Besitzanspruch, Zweisamkeit: Derartige Wörter haben in einer Beziehung nichts zu suchen. In Wirklichkeit klaffen Theorie und Praxis dann doch auseinander. Das ist aber kein Problem. Du darfst ruhig widersprüchlich sein, daran wächst du.«

Venus-Check
Kann man mit dieser Venus gut allein sein? Man kann, aber es passiert ziemlich selten.
Braucht man mit dieser Venus Sicherheit? Nein, die gibt es ohnehin nicht.
Besteht diese Venus auf Treue? Gefordert werden Fairness und Loyalität, die sind wichtiger als Treue.
Macht diese Venus eifersüchtig? »Nein!«, sagt man, fühlt aber ein »Ja«.
Findet man leicht einen Partner? Dabei gibt es keinerlei Probleme.

Venus im Zeichen Fische – Mystische Liebe

Venusstärken Hingebungsvoll, tief, selbstlos, mystisch, sinnlich, verschmelzend
Venusschwächen Unklar, häufig wechselnde Beziehungen

Die Botschaft der Venus lautet: »Für dich existieren kaum Grenzen und keine Distanz. Genau genommen wächst deine Liebe sogar proportional zur Entfernung. In Liebessachen bist du ein Träumer und ziehst schmachtende Sehnsucht plattem ›Zweier-Einerlei‹ vor. Du fürchtest den Alltag, weil er dich aus deinen Träumen reißt. Da du die Liebe mystifizierst, gestattest du dir keine Grenzen. Wird dir alles zu viel, flüchtest du in deinen unsichtbaren Elfenbeinturm und spielst ›Mich versteht sowieso keiner‹. Lerne, dich klar abzugrenzen! Niemand liebt so selbstlos, so phantasievoll, zärtlich und innig. Du hast ein Recht auf schöpferische Pausen!«

Venus-Check

Kann man mit dieser Venus gut allein sein? O ja, im Grunde ist man immer allein.
Braucht man mit dieser Venus Sicherheit? Nein, an die glaubt man sowieso nicht.
Besteht diese Venus auf Treue? Nein, man kann auf gar nichts pochen!
Macht diese Venus eifersüchtig? Nicht wirklich, es schmerzt höchstens.
Findet man leicht einen Partner? Sicher, aber oft ist es der falsche.

Mars – Potent, sexy und dynamisch

Die Bedeutung des Mars

Rötlich funkelnd wie Feuer oder Blut, so präsentiert sich nur ein Gestirn am nächtlichen Himmel: der Planet Mars. Abhängig von seiner Nähe zur Erde verändert sich obendrein die Intensität. Menschen früherer Zeiten erschauerten daher, wenn sein Rot zunahm. Sie sprachen von einem zornigen Auge am Himmel und betrachteten es als böses Omen.

In klassischer Zeit galt Mars als Herr und Beschützer der Kriege. Hinter Mars stecken allerdings nicht nur bedrohliche Eigenschaften: So schickt er zum Beispiel zündende Ideen, verleiht Startkraft und schenkt Courage. Mars sorgt für den richtigen Biss, um sich behaupten und Rivalen aus dem Weg schlagen zu können. Er verleiht die für das Konkurrenzgerangel unerlässlichen »spitzen Ellenbogen« und programmiert auf Sieg. Er verkörpert das Urmännliche, den heldenhaften, schönen Jüngling genauso wie einen sexbesessenen Macho. Mars steht auch einfach für Libido und Potenz. In ganz besonderer Weise verrät die Marsposition die Art und Weise des Eroberungsspiels: Ob man direkt auf jemanden zugeht, abwartet oder gar zum Rückzug bläst, es ist Mars, der die Fäden in der Hand hält.

Mars ist ein absolut männlicher Planet, vielleicht der männlichste überhaupt. Frauen besitzen zwar genau wie Männer ihren Mars, aber eher als Potenzial, als Anlagebild, und neigen dazu, ihn nicht selbst auszuleben, sondern ihn zu projizieren. Sie suchen sich Männer, die ihrem Mars entsprechen. Über diesen Umweg hat er dann doch Anteil an ihrem Leben. Frauen, die Berufe ergreifen, welche früher eher als typisch männlich galten (im Management beispielsweise), leben ihren Mars weitgehend selbst. Er ist der regierende Planet des Widders und weist daher viele Wesenszüge dieses Tierkreiszeichens auf.

♂ Das astrologische Symbol besteht aus einem Kreis und einem Pfeil. Ersterer symbolisiert den Geist, Letzterer die Bewegung. Das Symbol in seiner Gesamtheit steht für einen bewegten und bewegenden Geist.

Auf den folgenden Seiten finden sich die zentralen Eigenschaften der Marsposition in einem Horoskop. Bei einer individuellen Anwendung ist ein weiteres Mal zu berücksichtigen, dass die Konstellation durch Verbindungen mit verschiedenen Gestirnen immer eine andere Nuance bekommen und im Einzelfall auch einmal stark von den hier genannten Interpretationen abweichen kann.

Ihre exakte Marsposition können Sie wieder über die Homepage des Autors herunterladen (www.bauer-astro.de).

Der Wassermann und seine Marszeichen

Mars im Zeichen Widder – Impulsiv

Marsstärken Energisch, kühn, mutig, stolz
Marsschwächen Streitsüchtig, egoistisch

Die Botschaft des Mars lautet: »Du verfügst über doppeltes Feuer, bist kämpferisch, mutig und furchtlos. Du machst fast vor nichts halt, bist ein Draufgänger, ein Held und Abenteurer, jemand, der nicht lange fackelt. Du willst nach deiner Fasson leben und sorgst dafür, dass dein Wille geschieht. Allerdings kann es sein, dass du mich (noch) nicht hast zu Wort kommen lassen, dass du dich und andere vor mir schützt, mich vielleicht unterdrückst oder verleugnest. Du hältst dich vielmehr für eine friedliche oder gehemmte Person.

Möglicherweise verspürst du gelegentlich ein inneres Rumoren, es packt dich ein Beben, das in einen völlig unerwarteten Wutausbruch mündet. Wahrscheinlich steigt dir diese eingesperrte Power in den Kopf und macht sich dort schmerzhaft bemerkbar. Sei, wie du bist. Gib nach, verschaff dieser Kraft rechtzeitig Raum – und dir Luft!

Was hilft, ist eine Tätigkeit, die dir möglichst viel Freiheit lässt. Erleichterung findest du auch über sämtliche aktiven Sportarten. Am wichtigsten aber ist, dass du mit der Zeit mehr und mehr zu mir und damit zu dir stehst, dir mehr zutraust, öfter mal über die Stränge schlägst und dich nicht dafür tadelst, wenn dein ›marsischer‹ Anteil über dich kommt.«

Mars-Check
Wie gut setzt man sich mit diesem Mars durch? Die Voraussetzungen sind exzellent.
Wie aggressiv macht dieser Mars? Sehr, sofern man sich nicht auslebt.
Wie viel Sexpower bekommt man mit ihm? Jede Menge, vorausgesetzt, man unterdrückt sich nicht selbst.

Mars im Zeichen Stier – Beharrlich
Marsstärken Ausdauernd, zäh, sinnlich
Marsschwächen Jähzornig, gierig, stur

Die Botschaft des Mars lautet: »Die Kombination meines Feuers mit der Erde des Stiers verleiht dir die Stärke eines mittleren Erdbebens. Was du anpackst, ziehst du auch durch, denn du hast nicht nur Kraft, sondern bist auch zäh und ausdauernd. Dein Feuer brennt nicht lichterloh, um dann rasch in sich zusammenzufallen. Es gleicht einer beständigen Glut. Darüber hinaus bringt die Begegnung mit mir und dem Stier eine betont sinnliche Komponente in dein Dasein. Als dritte Haupteigenschaft verfügst du über einen enormen Erwerbstrieb: Dein Lebtag lang arbeitest du für Sicherheit, Geld, ein Haus, Luxus oder was auch immer. Du bist dazu geboren, das Fleckchen Erde, auf dem du lebst, in ein blühendes Paradies zu verwandeln.
Möglicherweise führe ich bei dir aber ein Schattendasein, und du kennst mich noch gar nicht richtig. Vielleicht schätzt du dein Leben überhaupt nicht als übermäßig sinnlich ein oder bezeichnest dich

sogar als arm. Aber das heißt nur, dass du mich noch nicht gefunden hast. Doch ich bin da. Meine kolossale Kraft, meine Sinnlichkeit und der Zug zum Reichtum schlummern in dir.
Was dir hilft, mich zu aktivieren, sind körperliche Bewegung und Kontakt mit der Natur. Am wichtigsten aber ist, dass du an mich glaubst und in deinem Denken und Handeln Raum für mich schaffst.«

Mars-Check
Wie gut setzt man sich mit diesem Mars durch? Stark wird man bei Angriffen.
Wie aggressiv macht dieser Mars? Sehr, wenn man gereizt wird.
Wie viel Sexpower bekommt man mit ihm? Darüber muss kein Wort verloren werden. Oder höchstens eines: viel!

Mars im Zeichen Zwillinge – Verspielt
Marsstärken Gewandt, neugierig, vielseitig
Marsschwächen Unkonzentriert, zerstreut

Die Botschaft des Mars lautet: »Ich helfe dir dabei, ein unternehmerischer, vielseitig interessierter und talentierter Mensch zu sein. Mein Feuer in Verbindung mit der Luft des Zwillingezeichens macht dich mutig und unerschrocken. Die beiden Elemente ergeben eine sehr günstige Mischung: Feuer braucht Luft. Im übertragenen Sinne bedeutet Luft Kommunikation. Daraus folgt, dass du vitaler, lebendiger und feuriger wirst, sobald du unter Menschen bist. Hingegen dämpft Alleinsein dein Temperament. Oder die Gedanken beginnen zu rotieren, und du kannst deinen Kopf nicht mehr abschalten.
Deine ohnehin vorhandene Neugier wird durch mich noch beflügelt. Dein Interesse an allem lässt sich jedoch nur im Kontakt mit deiner Außenwelt ausreichend befriedigen. Allerdings kann es auch sein, dass du mich noch gar nicht richtig entdeckt hast und mich daher nicht ausleben kannst. Dein eigenes Leben kommt dir

vielleicht überhaupt nicht übermäßig interessant und abwechslungsreich, sondern eher ziemlich öde vor. Dann ist es höchste Zeit, mich ans Licht zu holen. Du spürst womöglich schon, wie ich in deinem Innern rumore.

Was dir hilft, mich zu ›wecken‹, sind Atemübungen und viel körperliche Betätigung an der frischen Luft. Am wichtigsten aber ist, dass du an mich glaubst und in deinem Denken und Handeln Raum für mich schaffst.«

Mars-Check
Wie gut setzt man sich mit diesem Mars durch? Auf den Mund gefallen ist man mit ihm auf keinen Fall.
Wie aggressiv macht dieser Mars? Man schimpft höchstens einmal kräftig.
Wie viel Sexpower bekommt man mit ihm? Sex macht Spaß. Man hat viel Lust dazu, übertreibt's aber nicht.

Mars im Zeichen Krebs – Gefühlvoll
   Marsstärken Emotional, eruptiv
   Marsschwächen Schwierig, gebremst, »zickig«

Die Botschaft des Mars lautet: »Wir beide haben es nicht ganz leicht miteinander. Das Wasser des Krebszeichens kann mein Feuer zum Erlöschen bringen. Dann bist du ein Mensch, der Schwierigkeiten hat, seinen Willen durchzubringen, notfalls mal die Ellenbogen einzusetzen, sich zu behaupten. Denn das sind die Eigenschaften, die ich verleihe. Zugleich aber bist du vermutlich innerlich gespannt, spürst Wut, Frustration und Ungenügen und kannst damit aber nicht richtig herausrücken. Du kannst allerdings auch diese feurigen Eigenschaften in dir transformieren. Du wirst jedoch nicht so direkt und forsch handeln, wie es diese Attribute ungebremst ermöglichen würden. Dafür besitzt du dann aber ein tiefes Gefühlsleben. Du bist so in positivster Weise ein Mensch, der tief in sich hineinschaut und seine Seele wie auch die anderer kennt.

Wenn du mich so lebst und erlebst, bist du ein rezeptiver, kreativer Mensch, einer, der durch sein Mitschwingen mit anderen und sein psychologisches Gespür am Ende genauso viel erreicht wie Menschen mit anderen Marspositionen. Allerdings kann es auch sein, dass ich bei dir noch ein Schattendasein führe. Du schätzt mich nicht und versuchst, mich durch effektiveres Verhalten zu ersetzen. Nur funktioniert das so eben nicht: Am Ende wirst du noch unsicherer sein.

Steh zu mir, deinem Mars! Lebe mich mit all meinen Widersprüchen. Befass dich mit Psychologie. Das hilft dir, dich selbst besser zu verstehen.«

Mars-Check
Wie gut setzt man sich mit diesem Mars durch? Es fällt einem schwer, sich auf direktem Weg durchzusetzen.
Wie aggressiv macht dieser Mars? Es dauert eine Weile, bis man wütend wird, dann aber richtig.
Wie viel Sexpower bekommt man mit ihm? Man ist sehr erotisch, wenn man sich sicher fühlt.

Mars im Zeichen Löwe – Imposant
Marsstärken Selbstbewusst, herzlich, stolz
Marsschwächen Selbstsüchtig, eitel

Die Botschaft des Mars lautet: »Du verfügst über doppeltes Feuer. Ich, der feurige Planet, begegne dem Löwen, einem dem Element Feuer zugehörenden Zeichen. Feuer trifft also auf Feuer, vereinigt sich, wird zur lodernden Flamme. Da Feuer ein Symbol gleichermaßen für Tatkraft wie geistige Regsamkeit ist, musst du ein dynamischer, unternehmungsfreudiger Mensch sein, dessen Wirken durchdrungen ist von geistiger Weitsicht und Größe. Deinen hohen Ansprüchen, mit denen du um die Durchsetzung deiner Ziele kämpfst, stehen eine einnehmende Herzlichkeit und eine lockere, beinah spielerische Haltung gegenüber. Man könnte meinen, deine Erfolge fielen dir einfach in den Schoß. Aber du bekommst nichts ›gratis‹. Du bist dem Leben und anderen Menschen gegenüber immer hilfsbereit und großzügig, und das gibt dir das Leben zurück. Solltest du dich in diesem Bild nicht wiederfinden und dich vom Leben eher benachteiligt als beschenkt fühlen, führe ich bei dir ein Schattendasein. Du hast mich noch gar nicht richtig entdeckt und kannst mich daher nicht ausleben. Was dir hilft, mich in Gang zu bringen, ist Bewegung, Tanz, aktiver Sport. Vor allem aber musst du direkter, spontaner und selbstbewusster werden. Du musst dich mit mir in deinem Inneren verbinden – es ist alles da, was du dazu benötigst.«

Mars-Check
Wie gut setzt man sich mit diesem Mars durch? Das bereitet überhaupt keine Probleme.
Wie aggressiv macht dieser Mars? Man lässt sich nicht leicht aus der Ruhe bringen. Ist es aber einmal so weit, dann kracht's.
Wie viel Sexpower bekommt man mit ihm? Starken Partnern schenkt man alles. Schwächlinge schläfern ein.

Mars im Zeichen Jungfrau – Bedacht
Marsstärken Geistig fit, vernünftig, aktiv, arbeitsmotiviert, fleißig
Marsschwächen Zwanghaft, überängstlich

Die Botschaft des Mars lautet: »Feuer und Erde verbinden sich, wenn ich bei der Jungfrau, einem Erdzeichen, Station mache. Feuer und Erde zusammen wecken Aktivität, Arbeitswillen, Genauigkeit und Realitätssinn. Dein Feuer gleicht einer anhaltenden Glut. Das formt dich zu einem Menschen, der gern und gut arbeitet, ausdauernd und präzise ist, strategisch vorgeht und sich nicht unüberlegt in seine Arbeit stürzt. Diese Konstellation macht dich auch vorsichtig. Das kann unter Umständen in Kleinlichkeit und Angst ausarten. Ebenso mag eine übertrieben kritische Haltung sich selbst und anderen gegenüber die Folge sein. Du brauchst daher ein Ventil, etwas, das dir erlaubt, mich ohne zu viel Kontrolle und Analyse ausleben zu können, zum Beispiel beim Sport oder anderen körperlichen Aktivitäten. Auch riskante Freizeitbeschäftigungen (Paragliding, Klettern) sind für uns beide geeignet: Du passt nämlich gut auf dich auf, und meinen Ansprüchen geschieht Genüge. Das wiederum kommt, zusammen mit der Jungfrauenergie, deinem Schaffen zugute.

Du solltest auch einen Weg finden, deine Wut und deine Verletzungen besser zu zeigen. Du neigst nämlich dazu, deine Aggressionen zu unterdrücken und irgendwo zu ›bunkern‹ – bis dann das Maß voll ist und du wegen einer Kleinigkeit explodierst.«

Mars-Check
Wie gut setzt man sich mit diesem Mars durch? Das fällt leider nicht leicht.
Wie aggressiv macht dieser Mars? Es dauert eine ganze Weile, bis es zur Explosion kommt.
Wie viel Sexpower bekommt man mit ihm? Man ist weder Hengst noch Schnecke. Auf jeden Fall macht Erfolg sexy.

Mars im Zeichen Waage – Charmant
Marsstärken Lebhaft, gesellig, beliebt, ausgleichend, korrekt
Marsschwächen Ausschweifend, untreu, unmäßig

Die Botschaft des Mars lautet: »In dieser Position vereinigen sich mein Feuer und die Luft der Waage. Davon profitieren beide Elemente, und sie werden aufgewertet. Du bist daher ein leichter, ›luftiger‹ Mensch von sanguinischem Temperament und besitzt die Gabe, andere rasch für dich einzunehmen. Dein Auftreten ist charmant, einfühlsam, zuvorkommend. Ein weiteres Plus dieser Position ist ein guter Geschmack und künstlerisches Talent.

Mit mir im Zeichen Waage wirst du zu einem Streiter für Frieden und Ausgleich. Wo immer Ungerechtigkeiten und Zwietracht herrschen, fühlst du dich aufgerufen, zu schlichten und zu versöh-

nen. Zuweilen breche ich aber auch bei dir in all meiner Heftigkeit durch, nämlich dann, wenn du zu lange versucht hast, mich zu kontrollieren und zu unterdrücken.
Mit mir kommt auch dein Denken schwer in Gang. Du glaubst, alle Probleme mit dem Kopf lösen zu können. Wichtig ist, dass du dir für ›deinen Mars‹ ein Ventil suchst. Man kann mich nicht zu permanenter Friedfertigkeit verdonnern. Aber wenn du mich anderweitig lebst, beim Sport, bei abenteuerlicher Freizeitgestaltung, dann gelingt es dir besser, mich für deine pazifistischen Missionen einzuspannen.«

Mars-Check
Wie gut setzt man sich mit diesem Mars durch? Als guter Taktiker beißt man sich durch.
Wie aggressiv macht dieser Mars? Der Grundtenor ist friedlich. Gelegentliche Eruptionen sind nicht ausgeschlossen.
Wie viel Sexpower bekommt man mit ihm? Sex ist da. Gesucht aber wird geistiges Verstehen.

Mars im Zeichen Skorpion – Leidenschaftlich
Marsstärken Kraftvoll, ausdauernd, hartnäckig, furchtlos, mutig
Marsschwächen Lasterhaft, rachsüchtig

Die Botschaft des Mars lautet: »Dir steht durch mich eine besondere, eine starke, vitale Kraft zur Seite. Du bist ausgesprochen zäh, wenn es um die Verwirklichung eines Zieles geht, an dem dir auch emotional liegt. Selbst Mühen und Unannehmlichkeiten, mit denen sich andere Menschen nicht belasten würden, nimmst du dann gern in Kauf. Nicht verwunderlich, dass diese Hartnäckigkeit mitunter zu außerordentlichen Leistungen führt! Dennoch bist du kein Kraftprotz, einer, der die Muskeln spielen lässt und bei jeder Gelegenheit zeigen will, was er draufhat.
Der Skorpion ist vom Element her ein Wasserzeichen. Daher ist meine Kraft nicht auf äußere Wirkung aus. Meine Power geht nach

innen. Diese Position führt dazu, dass du instinktmäßig weißt, wann dein Einsatz erforderlich ist, wann etwas Bedeutsames und Wichtiges ansteht und erledigt werden muss: Dann wirst du zum ›Helden‹. Daher ist dir zu raten, entsprechende Herausforderungen zu suchen und anzunehmen. Nur dann stehe ich voll auf deiner Seite. Ohne solche Kicks wirst du eher müde und lustlos reagieren. In der Verbindung zwischen Skorpion und mir besteht eine starke Neigung zur Zerstörung. Das ist immer dann gut, wenn etwas alt, verbraucht, überholt und ein neuer Anfang angezeigt ist. Aber hüte dich vor sinnloser Destruktion!
Mit dieser Konstellation verfügst du auch über eine kolossale Sexpower. Du bist leidenschaftlich, triebstark und letztendlich beseelt von der Idee, Nachwuchs in die Welt zu setzen.«

Mars-Check
Wie gut setzt man sich mit diesem Mars durch? Man operiert mit seiner Power indirekt und drückt so seinen Willen durch.
Wie aggressiv macht dieser Mars? Der Zerstörungskraft sind kaum Grenzen gesetzt.
Wie viel Sexpower bekommt man mit ihm? Mehr als alle anderen.

Mars im Zeichen Schütze – Temperamentvoll

Marsstärken Schlagfertig, gerecht, begeisterungsfähig, klar, offen
Marsschwächen Streitbar, aggressiv, beleidigend

Die Botschaft des Mars lautet: »Hier trifft Feuer auf Feuer, denn sowohl ich als auch der Schütze sind ihrer Natur nach feurig. Eine lodernde Flamme entsteht. Und im Zeichen Wassermann manifestiere ich mich mit besonderer Intensität. Da Feuer ein Symbol gleichermaßen für Tatkraft wie geistige Regsamkeit ist, wirst du ein dynamischer, unternehmungsfreudiger Mensch, dessen Wirken durchdrungen ist von geistiger Weitsicht und Größe. Dein Handeln und Wirken wird stark von Idealen geleitet: von Gerechtigkeit,

Ritterlichkeit und Fairness. Du bist leicht zu begeistern und, einmal in Schwung, kaum zu bremsen. Was du brauchst, ist ein Ziel, eine Hoffnung, eine Perspektive, sonst erlischt dein Feuer.

Allerdings kann es auch sein, dass dein Mars noch ein Schattendasein führt, dass du mich noch gar nicht richtig entdeckt hast. Vielleicht meinst du, keineswegs feurig oder übermäßig aktiv zu sein, sondern erlebst dich eher als passiven Zeitgenossen. Dies hieße dann, dass du einen Teil deines Selbst negierst – und dich auf die Suche nach mir, deinem Mars, begeben solltest.

Was dir hilft, mich zu initiieren, sind Bewegung, Tanz, aktiver Sport und Reisen. Vor allem aber solltest du direkter, spontaner und selbstbewusster werden. Du musst dich mit mir in deinem Inneren verbinden. Es ist alles vorhanden, was du brauchst.«

Mars-Check
Wie gut setzt man sich mit diesem Mars durch? Das klappt gut, solange Fairness herrscht.
Wie aggressiv macht dieser Mars? Zu streiten lohnt sich nur für eine gute Sache.
Wie viel Sexpower bekommt man mit ihm? Mit Sex ist man dem Himmel nah.

Mars im Zeichen Steinbock – Hartnäckig
Marsstärken Verantwortungsvoll, geduldig, zäh, mutig, tatkräftig
Marsschwächen Eigenwillig, missmutig

Die Botschaft des Mars lautet: »Das ist eine Verbindung von Feuer und Erde, da der Steinbock zu den Erdzeichen zählt. Feuer und Erde zusammen wecken Arbeitswillen, Genauigkeit und Realitätssinn. Dein Feuer brennt nicht lichterloh (um sich dann rasch zu verzehren), sondern lang anhaltend wie eine wohlgeschürte Glut. Das macht dich zu einem Menschen, der gern und gut arbeitet, ausdauernd und präzise ist, strategisch vorgeht und sich nicht unüberlegt in seine Arbeit stürzt. Du bist auch extrem widerstandsfähig. Man kann dich mit einem Diamantbohrer vergleichen, der sich in eine Sache unaufhaltsam hineinfrisst. Und du bist erfolgreich. Du verfügst über die entsprechende Motivation und ein Gespür für Machtverhältnisse.

Diese Konstellation bedeutet aber auch, dass ein Wandel vonstattengehen muss. Aus einer impulsiven, feurigen, leicht erregbaren, leidenschaftlichen Energie wird eine kontrollier- und regelbare Kraft, die sich einer höheren Absicht fügt und dem Allgemeinwohl dient. Du darfst allerdings die ursprüngliche Qualität von mir, deinem Mars, nicht vollständig verlieren. Das würde zu Aggressionsstau und unter Umständen sogar zu gesundheitlichen Problemen führen.

Es ist also wichtig, dass du dir für die transformierten Eigenschaften ein Ventil suchst. Wenn du sie anderweitig lebst, beim Sport oder bei abenteuerlicher Freizeitgestaltung, dann gelingt es dir besser, mich für deine höheren Zwecke einzuspannen.«

Mars-Check
Wie gut setzt man sich mit diesem Mars durch? Harte Arbeit führt zum Ziel.
Wie aggressiv macht dieser Mars? Eigentlich ist man friedlich und lässt sich ungern provozieren.
Wie viel Sexpower bekommt man mit ihm? Wenn die Verhältnisse stimmen, kommt es zu Gipfelerlebnissen!

Mars im Zeichen Wassermann – Einfallsreich
Marsstärken Aufgeweckt, innovativ, selbständig, schöpferisch
Marsschwächen Prahlerisch, eingebildet

Die Botschaft des Mars lautet: »Es vereinigen sich Feuer (Mars) und Luft (Wassermann). Diese Kombination kommt beiden Elementen zugute und wertet sie auf. Du bist daher ein leichter, ›luftiger‹ Mensch, der über die Gabe verfügt, andere für sich einzunehmen. Dein Auftreten ist charmant, einfühlsam und zuvorkommend. Alltag, graues Einerlei, tägliche Routine sind dir ein Greuel. Du möchtest Neues erschaffen, eingefahrene Gleise verlassen, originell und schöpferisch sein. Freiheit ist für dich überaus wichtig. Du arbeitest besser, wenn dich nicht ständig jemand gängelt. Du bist der geborene ›Freelancer‹. Dein ausgeprägtes Improvisationstalent ermöglicht dir, originelle und unkonventionelle Lösungen zu finden, wenn du nicht durch Vorgaben eingeschränkt wirst. Auch in Beziehungen wird es schnell zu eng. Eine Ehe bereitet dir ebenfalls Probleme; du fühlst dich unfrei, wie ›eingesperrt‹.

Vielleicht aber entspricht diese Charakterisierung nicht deinem Selbstbild: Weder schätzt du dich als unabhängig oder freiheitsliebend noch als übermäßig schöpferisch ein. Dann ist zu vermuten, dass dein Mars noch auf seine Entdeckung wartet. Mach dich auf die Suche!

Was dir hilft, mich zu aktivieren, ist Bewegung, vor allem Tanz. Noch wichtiger aber wird es sein, unkonventioneller und spontaner zu werden. Du musst dich mit mir in deinem Inneren verbinden. Es ist alles da, was du dazu benötigst.«

Mars-Check
Wie gut setzt man sich mit diesem Mars durch? Genialität ist vorhanden, aber nicht unbedingt Durchsetzungskraft.
Wie aggressiv macht dieser Mars? Ein solches Verhalten ist undenkbar.
Wie viel Sexpower bekommt man mit ihm? Sex ist schön, aber längst nicht alles.

Mars im Zeichen Fische – Abwartend
Marsstärken Empfänglich, intuitiv, einfühlsam, kreativ
Marsschwächen Willensschwach, beeinflussbar,
leicht zu täuschen

Die Botschaft des Mars lautet: »Mein Feuer und das Wasser der Fische treffen aufeinander. Das kann dazu führen, dass das Feuer

zunächst einmal erlischt. Dann bist du ein Mensch, der Schwierigkeiten hat, seinen Willen durchzusetzen, die ›Ellenbogen‹ zu benutzen, sich zu behaupten – denn all dies sind Eigenschaften, die ich, der Planet Mars, verleihe. Gleichzeitig fühlst du dich jedoch innerlich gespannt, spürst Wut, Frustration und Ungenügen, aber du kannst damit nicht richtig herausrücken.
Es gibt allerdings auch die Möglichkeit, diese Qualitäten zu transformieren. Du wirst dann zwar noch lange nicht so direkt und forsch handeln können, wie es die ungebremsten Eigenschaften ermöglichen würden. Dafür gewinnst du eine andere Fähigkeit, nämlich ein kolossales Gespür. Das Fischezeichen ist seinem Wesen nach transparent, es besitzt keine klaren Grenzen, versetzt daher in die Lage, sich universell zu vernetzen. Du hast also eine Art sechsten Sinn, spürst andere Menschen, die sich nicht einmal in der Nähe aufhalten.«

Mars-Check
Wie gut setzt man sich mit diesem Mars durch? Das macht Probleme. Es gelingt nur dann wirklich, wenn man von der Sache hundertprozentig überzeugt ist.
Wie aggressiv macht dieser Mars? Es dauert ewig, bis man aus der Haut fährt.
Wie viel Sexpower bekommt man mit ihm? Sex ist wunderbar, aber er ist nicht alles.

Jupiter – Innerlich und äußerlich reich

Die Bedeutung Jupiters

Nachts, wenn Venus nicht mehr (oder noch nicht) am Himmel leuchtet, ist Jupiter eins der hellsten Gestirne überhaupt. Kein Wunder daher, dass er unseren Vorfahren, die der Nacht in viel umfassenderem Maße ausgeliefert waren als wir heute in unserer künstlich erhellten Zeit, ein Symbol für Hoffnung, Trost, Stimmigkeit und Gerechtigkeit war. Oft verband man ihn mit der obersten Gottheit.

So auch in der griechischen Mythologie, auf die sich die Symbolik der Astrologie entscheidend bezieht. Jupiter heißt bei den Griechen »Zeus«, und über ihn gibt es unzählige Mythen. So war er es, der gegen seinen grausamen Vater Saturn(us) bzw. Kronos, den obersten der Titanen, antrat und ihn besiegte. Saturn hatte nämlich außer Zeus alle seine Nachkommen aufgefressen, weil ihm geweissagt worden war, dass ihn eines seiner Kinder vom Throne stoßen würde. Rheia, Zeus' Mutter, versteckte ihren Sohn vor dem Vater, und die Prophezeiung erfüllte sich: Zeus entthronte ihn und warf ihn in den Tartaros.

Andere Geschichten über Jupiter/Zeus erzählen eher Delikates. So gelüstete es den obersten Gott immer wieder nach weltlichen Frauen, die er durch List dazu brachte, mit ihm zu schlafen und Kinder von ihm zu empfangen. Bei Leda zum Beispiel verwandelte er sich in einen Schwan und zeugte mit ihr Pollux. Auch Herakles und Dionysos entstammten seinem gemeinsamen Lager mit sterblichen Frauen. Gezeugt durch den unsterblichen Jupiter, erlangten seine Kinder ebenfalls das ewige Leben.

Die Position Jupiters im Horoskop verweist daher einerseits auf tiefe Einsichten: Jupiter sorgt dafür, dass einem »ein Licht aufgeht«, man letzten Endes weise wird. Auf der anderen Seite verkörpert er eine Gestalt, der eine unendlich große Liebe zukommt. Sinnbildlich gesprochen, sehnt sich der Mensch danach, sich mit dem göttlichen Jupiter zu vereinigen, um Kinder (symbolisch für Ideen und Taten) zu gebären, die unsterblich sind.

Des Weiteren symbolisiert Jupiter den großen Helfer, Heiler und Versöhner. Dort, wo er im Horoskop steht, findet der Mensch Kräfte, sich und andere zu trösten und zu stärken. Am bekanntesten ist Jupiter in der Astrologie aber deswegen, weil er das Glück verheißt.

♃ Das astrologische Symbol Jupiters besteht aus einem Halbkreis (er repräsentiert seelische Empfänglichkeit) und einem Kreuz, das wieder die Materie symbolisiert. Der Halbkreis neben dem Kreuz bedeutet: Das Seelische und die Materie gelten als gleichwertig, keines überragt das andere.

Wie zuvor bei Aszendent, Mond, Venus und Mars lässt sich die genaue Jupiterposition eines Horoskops mit Hilfe der Website des Autors ermitteln (www.bauer-astro.de).

Der Wassermann und seine Jupiterzeichen

Jupiter im Zeichen Widder – Das Glück der Inspiration
Jupiterstärken Selbstvertrauen, Optimismus
Jupiterschwächen Prahlerei

Die Botschaft Jupiters lautet: »Glück ist für dich die Möglichkeit, deinen Willen und deine Impulse spontan und unmittelbar umsetzen zu können. Du bist ein Abenteurer, in Wirklichkeit wie im Geiste. Du möchtest wie Kolumbus die Welt entdecken. Und wie Einstein, Hildegard von Bingen oder Galileo Galilei den Gipfel menschlicher Erkenntnis erreichen. Wenn du dich bewegst, geistig wie körperlich, bist du deinem Schöpfer am nächsten. Stillstand hingegen führt zur Resignation; du fühlst dich fern vom großen Ganzen.

Durch deine optimistische und positive Weltauffassung bist du dafür bestimmt, anderen voranzugehen oder ihnen den Weg zu weisen. Es schlummert auch ein Heiler und Prophet in dir, der im Laufe deines Lebens geweckt werden will. Bevor du allerdings selbst ein Heiler sein kannst, brauchst du Persönlichkeiten, die dir auf deinem Weg ein Vorbild sind. Mit der Gabe, andere zu führen, musst du behutsam umgehen. Hüte dich davor, sie zu blenden oder sich über ihr Unwissen zu erheben. Du darfst die Demut nie verlieren, und du darfst nicht vergessen, dass du selbst auch ein Suchender bist.«

Jupiter-Check
Wie wird man mit Jupiters Hilfe innerlich und äußerlich reich?
Durch Handeln, Reisen, Unternehmungen, Initiativen.
Wie lässt sich mit diesem Jupiter helfen und heilen? Durch Körpertherapie, Yoga, Sport, Wärme, Motivation anderer, tatkräftiges Unterstützen, Zusprechen von Mut.

Jupiter im Zeichen Stier – Das Glück der Erde
Jupiterstärken Geduld, Großzügigkeit
Jupiterschwächen Bequemlichkeit

Die Botschaft Jupiters lautet: »Dein Glück liegt im ungestörten Genuss. Überfluss und Sicherheit bedeuten für dich die Erfüllung deiner Wünsche. Du bist geduldig. Wie ein Gärtner sorgfältig Samen und Pflanzen hegt, damit sie zur vollen Größe heranwachsen können, so überwachst du dein Hab und Gut, deine Anlagen und Talente und entwickelst sie zur vollen Reife. Der Vergleich mit dem Gärtner ist auch in anderer Hinsicht passend. Denn du liebst die Natur. Eine Waldlichtung im Frühling erscheint dir wie ein Dom, und du bist deinem Schöpfer vielleicht näher als in einer Kirche. Die Natur zeigt die Ordnung, Stimmigkeit und Erfüllung. Und die Natur heilt. Sie heilt dich, wenn du erschöpft oder krank bist. Du brauchst dich nur unter einen Baum zu legen, und du fühlst dich sofort besser. In der Natur findest du aber auch die Stoffe, um andere zu heilen. Nahrung, Heilkräuter, homöopathische Essenzen: Alles erhält durch Jupiter eine höhere Potenz, heilt und macht ganz.

Wovor du dich hüten musst, ist, Besitz zu horten. Ein Baum sammelt nicht die Erde, die ihn hält, er benutzt sie, um in den Himmel zu wachsen.«

Jupiter-Check
Wie wird man mit Jupiters Hilfe innerlich und äußerlich reich?
Durch Geduld und Nähe zur Erde. Durch materiellen Wohlstand. Durch Liebe und Sinnlichkeit.
Wie lässt sich mit diesem Jupiter helfen und heilen? Mit den Heilkräften der Natur.

Jupiter im Zeichen Zwillinge – Das einfache Glück
Jupiterstärken Begeisterungsfähigkeit
Jupiterschwächen Ruhelosigkeit

Die Botschaft Jupiters lautet: »Dein Glück findest du im Alltäglichen, auf einem Wochenmarkt, im Zug, bei einer Unterhaltung mit Freunden und Bekannten. Aber auch zu Menschen, die du noch nicht kennst, findest du rasch einen Bezug und große Nähe. Dieses ›kleine Glück‹ bedeutet dir mehr, als nach großer und absoluter Erfüllung zu suchen. Du verfügst über eine enorme sprachliche Begabung, kannst gut schreiben, formulieren und sprechen.
Um dich wohl zu fühlen, brauchst du die Geselligkeit, verbalen Austausch und lebendige Kommunikation. Unter Menschen findest du zu dir und fühlst dich aufgehoben. Allein hingegen verlierst du deine innere Sicherheit und den tiefen Glauben, dass alles sinnhaft ist und von einem höheren Willen getragen wird. Daher ist es auch deine Aufgabe, andere miteinander zu verbinden, damit sie sich nicht als isoliert erleben. Der Mensch ist ein soziales Wesen. Er wächst in einer Familie auf, schafft sich später seine eigene Familie, seine Arbeitswelt, seine Freunde. Du bist auf der Welt, um andere aus ihrer Einsamkeit zu befreien, in die sie irrtümlicherweise geraten sind.«

Jupiter-Check
Wie wird man mit Jupiters Hilfe innerlich und äußerlich reich? Im Kleinen, in den Dingen, die sich im Umfeld befinden. Und in der Begegnung mit anderen.
Wie lässt sich mit diesem Jupiter helfen und heilen? Durch gute Worte, aufmunternden Zuspruch, durch Zuhören und Teilnahme. Durch Verbinden und Vernetzen.

Jupiter im Zeichen Krebs – Das Glück der Geborgenheit
Jupiterstärken Suggestivwirkung, Phantasie
Jupiterschwächen Gefühlspathos, Missbrauch

Die Botschaft Jupiters lautet: »Wenn du fühlst, bist du. Man kann dich einen ›Seelentaucher‹ nennen, denn deine liebste Beschäftigung ist es, dich in deine eigene oder die Seele anderer zu vertiefen. Eine gesunde und heile Psyche ist für dich unerlässlich, um zufrieden zu sein. Auch Menschen aus deinem Umfeld wenden sich an dich, weil sie intuitiv spüren, dass du ihnen helfen kannst, ihr Innenleben zu heilen.
In der Familie siehst du den Anfang allen Glücks, aber auch allen Elends. Sosehr du sie schätzt, so fern liegt es dir, nur dein eigenes Nest zu bewundern. Im Gegenteil, fremde Sitten und Gewohnheiten sind dir ebenso wichtig wie die eigenen. Am liebsten würdest du in einer Gemeinschaft leben, die von Menschen unterschiedlichster Herkunft getragen wird.
›Geborgenheit‹ ist für dich kein leeres Wort, sondern ein anderer Ausdruck für ›Erfüllung‹, ›Heimat‹, ›Göttlichkeit‹ und ›Ewigkeit‹. Wie ein Seismograph erspürst du daher Unstimmigkeiten in deinem Umfeld, die disharmonisch sind und den Frieden stören können. Deine großen heilerischen Fähigkeiten ermöglichen es, solche Störungen sichtbar zu machen. Hüten musst du dich aber davor, als Retter aufzutreten. Du bist wahrhaftig, wenn du alles einfach nur geschehen lässt.«

Jupiter-Check
Wie wird man mit Jupiters Hilfe innerlich und äußerlich reich? Im Fühlen, in der Liebe, im Geben, in der Familie, in der Vergangenheit, bei den Ahnen.
Wie lässt sich mit diesem Jupiter helfen und heilen? Durch aufdeckende Gespräche.

Jupiter im Zeichen Löwe – Das Glück der Herzensfreude
Jupiterstärken Herzenswärme, Großmut
Jupiterschwächen Eitelkeit, Dünkel

Die Botschaft Jupiters lautet: »Glück bedeutet für dich, dass du die Möglichkeit hast, spontan und großzügig schenken zu können. Äußere Werte sind dir deshalb nicht unwichtig, denn nur wer hat, kann auch geben. Aber du bist absolut kein Materialist, im Gegenteil: Wenn du nach Macht und Einfluss strebst, dann nicht in erster Linie um persönlicher Vorteile willen, sondern weil du überzeugt bist, anderen etwas geben zu können. Du verbreitest Optimismus. Deine Bestimmung ist es, anderen die Freude am Leben zu zeigen. So wie ich, dein Jupiter, einst die Schreckensherrschaft Saturns beendet habe und den Menschen eine gütigere, gerechtere Zeit brachte, so bist du auf der Welt, um Menschen zu erheitern, Sorgen und Kummer zu vertreiben.
Hüten musst du dich vor Stolz und Überheblichkeit. Bleib gütig! Trag das Feuer der Freude unter die Menschen, aber achte darauf, dass du niemanden damit verbrennst!«

Jupiter-Check
Wie wird man mit Jupiters Hilfe innerlich und äußerlich reich? Durch lebendige Teilnahme am Leben, Großzügigkeit und die Kraft des Herzens.
Wie lässt sich mit diesem Jupiter helfen und heilen? Indem man anderen das Leben als nährenden Urgrund zeigt, als göttlichen Spielplatz.

Jupiter im Zeichen Jungfrau – Das Glück der Unschuld
Jupiterstärken Engagement, Bescheidenheit
Jupiterschwächen Zersplitterung

Die Botschaft Jupiters lautet: »Glück ist für dich die einfachste Sache der Welt, es liegt vor der Tür, es braucht nur gefunden und aufgehoben zu werden. Einzige Voraussetzung: Man muss unschuldig sein wie ein Kind. Du bist daher auch kein Freund großangelegter und sich ewig hinziehender Expeditionen auf der Suche nach dem Glück. Entweder es ist hier – oder nirgends.
Insbesondere die Natur ist dir ein genialer Lehrmeister. Die Folge der Jahreszeiten, das Ineinandergreifen von Phasen des Wachstums und der Stagnation: Das alles ist für dich ein Ausdruck göttlicher Ordnung, die sich tagtäglich und jahraus, jahrein wiederholt. Auf besondere Weise faszinieren dich aber auch die Vorgänge im Zusammenhang mit dem menschlichen Körper. Dieses tagtägliche Wunder von Nahrungsaufnahme und Verwandlung in Leben, das Zusammenwirken Tausender Prozesse – all dies sind für dich sinnhafte Beweise göttlichen Wirkens.
Deine Kenntnisse befähigen dich zum Heiler. Schon durch deine Nähe initiierst du bei anderen die Genesung. Wovor du dich hüten musst, ist, dein Wissen zu missbrauchen. Wirke durch gutes Beispiel und nicht durch Besserwisserei!«

Jupiter-Check
Wie wird man mit Jupiters Hilfe innerlich und äußerlich reich? Im alltäglichen Tun, bei der Arbeit, im Gefühl der Ordnung.
Wie lässt sich mit diesem Jupiter helfen und heilen? Durch bewusste Ernährung, das Studium von Körper und Geist und Lernen von der Natur.

Jupiter im Zeichen Waage – Das Glück der Liebe
Jupiterstärken Toleranz, Lebenskunst
Jupiterschwächen Eitelkeit, Genusssucht

Die Botschaft Jupiters lautet: »Glück findest du in der Kraft der Liebe. Du brauchst nicht einmal selbst unmittelbar daran teilzuhaben. Auch wenn andere Menschen sie entdecken, fühlst du dich angenommen, zu Hause, eins mit der Schöpfung. Noch göttlicher ist es natürlich, wenn Amor dich selbst trifft. Auf einer Wolke schwebst du, im Paradies bist du angekommen ... Liebe ist deiner Meinung nach Ursprung und Ziel allen Seins. Gott ist die Liebe, und das Leben entspringt aus ihr. Der Liebe gibst du alles. Umgekehrt beschenkt sie dich auch. Du kannst andere tief berühren, trösten, erfreuen und aufbauen.

Auch der Kunst gehört dein Herz. Allerdings zählt für dich nur das dazu, was von Liebe getragen ist und Harmonie und Stimmigkeit ausdrückt. Im Grunde schlummert in dir selbst ein Künstler, der darauf wartet, seine Fähigkeiten zum Fließen bringen zu können. Wovor du dich hüten musst, ist, dich von Liebe und Harmonie einlullen zu lassen. Alles im Leben hat zwei Seiten. Zur Liebe gehört Auseinandersetzung und zur Harmonie Spannung. Nur wenn du das Gleichgewicht zwischen beiden Seiten findest, ist die Liebe vollendet.«

Jupiter-Check
Wie wird man mit Jupiters Hilfe innerlich und äußerlich reich? Indem man verzeiht, liebt, empfangen und geben kann.
Wie lässt sich mit diesem Jupiter helfen und heilen? Allein die Nähe heilt, und Berührungen sind eine Wohltat.

Jupiter im Zeichen Skorpion – Das Glück der Tiefe
Jupiterstärken Tiefgründigkeit, Spiritismus
Jupiterschwächen Exaltiertheit, Despotismus

Die Botschaft Jupiters lautet: »Glück findet sich deiner Meinung nach auf dem Grund aller Dinge, nicht an der Oberfläche. Dieses Wissen habe ich dir verliehen. Du sollst es weiterverbreiten. Was die Welt zusammenhält, ist der ewige Kreislauf von Zeugung, Geburt, Leben und Tod. Alles war schon immer, und alles wird immer sein. Daher musst du dich in besonderer Weise solcher Angelegenheiten annehmen, die ausgegrenzt werden aus dem Ganzen, aber dazugehören. Zum Beispiel ist für dich der Schatten ein notwendiger Teil des Lichts. Du fühlst dich daher veranlasst, dich für Schwächere einzusetzen oder aus der Gesellschaft Ausgeschlossene zu unterstützen. Du weißt instinktiv, dass es dem Leben schadet, wenn nicht alle Seiten integriert werden.

Mein heilendes Jupiterfeuer lodert in dir sehr stark. Wie Pollux einst seinem toten Bruder Castor in die Unterwelt folgte, um ihn zu retten, bist du bereit, die größten Unannehmlichkeiten auf dich zu nehmen, damit das Leben keinen Teil verliert. Du bist daher der geborene Retter und Heiler, gleich, ob du diese Gaben in einem Beruf ausübst oder sie als selbstverständlichen Beitrag in deinen Alltag einbringst. Wovor du dich hüten musst, ist, dem Dunklen und Schatten zu sehr zu verfallen – und das Helle nicht mehr klar zu sehen.«

Jupiter-Check
Wie wird man mit Jupiters Hilfe innerlich und äußerlich reich?
Indem man das Offensichtliche hinterfragt, in die Tiefe geht, abwartet und einfach *ist*.
Wie lässt sich mit diesem Jupiter helfen und heilen? Indem man sich derer annimmt, die ein Schattendasein führen.

Jupiter im Zeichen Schütze – Das Glück der Weisheit
Jupiterstärken Idealismus, Glaube, religiöse Erfahrung, Sinnsuche
Jupiterschwächen Schwärmerei, Naivität, Dogmatismus

Die Botschaft Jupiters lautet: »Du bist auf der Welt, um das Glück zu suchen. In dir lebt die Geschichte aller fahrenden Völker fort, der Nomaden und Boten, herumziehenden Bader, Gaukler, Barden und Geschichtenerzähler. Letztlich ist es die Suche nach dem Heiligen Gral, nach Erleuchtung, der blauen Blume, der Quintessenz der Alchemie. Glaube ist für dich Realität, Gott ist nicht irgendwo unerreichbar, sondern überall. Auf dem Weg zu sein ist für dich das Ziel.

So verbreitest du die Wahrheit des Vielen und nicht die des Einen. Deswegen bist du so tröstlich für diese Welt: Denn du hast immer noch eine Perspektive, siehst immer noch eine Möglichkeit. Nichts ist für dich aussichtslos: Viele Wege führen nach Rom, und kein Problem ist so groß, dass es nicht doch eine Lösung gäbe.

Das Feuer, das ich, dein Jupiter, dir in die Hände gebe, heißt Weisheit. Wovor du dich allerdings hüten musst, ist, das Kind mit dem Bade auszuschütten. In deinem heilsamen Krieg gegen die Blindheit der Menschen läufst du Gefahr, selbst blind und einseitig zu werden.«

Jupiter-Check
Wie wird man mit Jupiters Hilfe innerlich und äußerlich reich? Durch die Suche nach Sinn und Göttlichkeit.
Wie lässt sich mit diesem Jupiter helfen und heilen? Durch eine Lebensweise, die Hoffnung verbreitet.

Jupiter im Zeichen Steinbock – Das Glück des Erfolgs
Jupiterstärken Führungsqualität, Ausdauer
Jupiterschwächen Lehrmeisterei

Die Botschaft Jupiters lautet: »Glück ist für dich, deine Arbeit getan zu haben und Ruhe und Sammlung dankbar zu genießen. Glück ist für dich aber auch, sich einer Sache vollständig zu verschreiben, ihr zu gehören, bis sie vollbracht ist. Darin gleichst du einem Bergsteiger, der nicht eher ruht, als bis er auf dem Gipfel steht und dort nach dem nächsten Ausschau hält. Du bist ein Mensch, der sich selbst antreiben und motivieren kann.
Ich, dein Jupiter, befähige dich auch, zu einem Führer zu werden, einer, der anderen vorausgeht. Um das zu leisten, was dein Karma ist, brauchst du Kraft, Ausdauer und Zähigkeit. Du bist hart zu dir selbst, weil du weißt, dass deine Ziele keine Schonung dulden. Das Gleiche erwartest du allerdings auch von anderen, was manchmal dazu führt, dass diese dich fürchten und dir aus dem Weg gehen. Daher ist es für dich wichtig, zu erkennen, dass nicht alle Menschen aus dem gleichen (harten) Holz geschnitzt sind wie du. Entwickle Geduld, Nachsicht und Toleranz für deine Mitmenschen, und du wirst eines Tages den höchsten Berg bezwingen, nämlich den der Weisheit.«

Jupiter-Check
Wie wird man mit Jupiters Hilfe innerlich und äußerlich reich? Durch Arbeit und Übernahme von Verantwortung, durch Demut.
Wie lässt sich mit diesem Jupiter helfen und heilen? Durch vorbildliches Verhalten, durch richtige Führung.

Jupiter im Zeichen Wassermann – Das Glück des Wandels
Jupiterstärken Humanismus, Toleranz
Jupiterschwächen Autoritätskonflikte

Die Botschaft Jupiters lautet: »Glück ist für dich das Gefühl, vorwärtszuschreiten, nicht stehen zu bleiben und deinen Idealen von einer gerechten, liebevollen Welt näherzukommen. Du unterstellst dich selbst dem Fortschritt, arbeitest, und wenn es nötig ist, kämpfst für ihn. Es geht dir nicht um deine eigene Zukunft. Du bist ein Philanthrop, ein Menschenfreund, der an das Gute glaubt. Dabei unterstützt du Eigenverantwortung und Autonomie. Hilfe zur Selbsthilfe: So lautet dein Programm. Es fällt dir schwer, dich in eine Hierarchie einzuordnen. Ungleichheit zwischen den Menschen ist für dich ein Greuel. Die Kraft deines Glaubens an eine positive Zukunft macht dich für diesen Planeten so wichtig. Denn deinen Visionen ist es zu verdanken, dass die Welt nicht stehen bleibt, sondern sich immer weiterentwickelt.

Wovor du dich in Acht nehmen musst, ist, das Alte nicht völlig zu verwerfen. Du beraubst dich sonst deiner eigenen Wurzeln. Dann aber wird auch der Fortschritt illusorisch.«

Jupiter-Check
Wie wird man mit Jupiters Hilfe innerlich und äußerlich reich? Durch Arbeit für eine bessere Zukunft.
Wie lässt sich mit diesem Jupiter helfen und heilen? Durch Vermittlung neuer Perspektiven, durch solidarische Unterstützung und Veränderung.

Jupiter im Zeichen Fische – Das Glück des Seins
Jupiterstärken Liebe, Mitgefühl, Intuition
Jupiterschwächen Helfersyndrom

Die Botschaft Jupiters lautet: »Glück bedeutet für dich, eins zu sein mit der Schöpfung – ähnlich einem Tropfen, der ins Meer fällt und eins wird mit dem Ganzen. Dein Leben richtet sich nach dem Ideal der Selbstlosigkeit und dem Zurückstellen eigener Bedürfnisse hinter das Wohlergehen des größeren Ganzen. Soziales Engagement ist für dich kein politisches Schlagwort, sondern selbstverständliche Lebensqualität. Du bist sensibel, empörst dich über Ungerechtigkeit und Lieblosigkeit. Ich, dein Jupiter, verleihe dir eine besondere Magie, die Leid und Traurigkeit auflösen kann. Du tust aber gut daran, diese Fähigkeit weiterzuentwickeln, indem du zum Beispiel Heilpraktiker wirst oder dich mit Themen beschäftigst, die deine Anlagen fördern.

Da du dich oft an großen Idealen orientierst, macht dir der Umgang mit der unmittelbaren, konkreten Wirklichkeit mitunter Mühe. Des Weiteren ist es wichtig, dass du dich als Helfer nicht ausnutzen lässt. Du musst lernen, dich abzugrenzen.«

Jupiter-Check
Wie wird man mit Jupiters Hilfe innerlich und äußerlich reich?
Durch Hingabe an das, was ist, durch Liebe des Ganzen.
Wie lässt sich mit diesem Jupiter helfen und heilen? Es sind große heilerische Fähigkeiten vorhanden, die aber gefördert werden sollen.

Saturn – Zum Diamanten werden

Die Bedeutung Saturns

Früher galt Saturn in der Astrologie weithin als Übeltäter, als Verkörperung des Schlechten und Bösen. Er scheint es darauf abgesehen zu haben, uns das Leben so schwer wie irgend möglich zu machen. Wie der Drache im Märchen verkörpert er Gefahr, Schrecken, ja, zuweilen sogar den Tod. Daher finden sich alte Darstellungen, auf denen Saturn häufig als Knochengerüst mit Sense zu sehen ist, das alles erbarmungslos niedermäht. Saturn kennt kein Mitleid, keine Gnade. Er wirft den Menschen ihr Schicksal vor die Füße – und es bleibt nichts anderes, als es zu nehmen und zu tragen.

Heutzutage wird seine Wirkung positiver gesehen: Wenn Saturn einen noch so sehr plagt, schikaniert, an den Abgrund heranführt, dann hilft er ebenso, sich gegen die Unbilden des Schicksals zu wappnen. Er »schmiedet« den Menschen, macht ihn hart, widerstandsfähig und ausdauernd. Wer immer etwas Großes erreicht in seinem Leben, der schafft es mit Hilfe Saturns und seiner (oft) grausamen Wechselbäder. Da, wo im Horoskop der Planet Saturn steht, muss der Mensch also lernen, in die Schule gehen, dort wird er gestreckt und zusammengeschoben, kritisiert und tyrannisiert, trainiert und behindert – bis er nahezu Perfektion erlangt: Vollkommenheit und Reinheit. Vom Rohling zum Diamanten, so lässt sich das Wirken Saturns zusammenfassen.

Und dennoch geht es dabei keineswegs ausschließlich um Härte, Ausdauer, Übung, Verzicht und unermüdliches Arbeiten an sich selbst. Der Weg zur Vollkommenheit führt unmittelbar am Fluss der Gnade entlang. Saturn ist kein kalter, gemeiner, fordernder Feind, dem gegenüber es sich zu wappnen und zu rüsten gilt. Er verlangt, nein, er verdient Ehrfurcht, Demut, Liebe.

♄ Das astrologische Symbol besteht aus einem Halbkreis, der dem Kreuz untergeordnet ist. Es drückt aus, dass das Seelische (Halbkreis) unter dem Materiellen (Kreuz) steht, ihm untergeordnet ist.

Auf den folgenden Seiten finden sich die zentralen Eigenschaften der Saturnposition in einem Horoskop. Bei der individuellen Anwendung ist einmal mehr zu berücksichtigen, dass diese Stellung stets auch durch Verbindungen mit den übrigen Gestirnen eine andere Färbung bekommen und im Einzelfall auch einmal stark von den hier genannten Deutungen abweichen kann.

Ihre exakte Saturnposition können Sie wieder über die Homepage des Autors herunterladen (www.bauer-astro.de).

Der Wassermann und seine Saturnzeichen

Saturn im Zeichen Widder – Über die Kraft herrschen
Saturnstärken Ehrgeizig, machtvoll, führungsbegabt, durchsetzungsstark, edel
Saturnschwächen Rechthaberisch, sarkastisch, bösartig, bissig, gemein

Die Botschaft Saturns lautet: »In deinem Leben geht es darum, deine Wildheit zu bändigen, deine Emotionen zu zügeln und deinen persönlichen Willen einem höheren Ziel, einer Idee mit allgemeinem Wert unterzuordnen. Stell dir mich, Saturn, als ›Pferdeflüsterer‹ und das Widderzeichen als ein wildes Pferd vor, aus dem ein edles Ross werden soll, das dem Reiter seine feurige Energie voll und gern zur Verfügung stellt.

Viele Menschen mit dem Saturn im Zeichen Widder tendieren allerdings dazu, ihre Wildheit zu brechen, sie zu unterdrücken. Sie verdrängen und vergessen sie und sind schließlich im Besitz eines, um es salopp auszudrücken, alten Kleppers. Damit du nicht in diesen Zustand gerätst, bedarf es großer Geduld und harter Arbeit an dir selbst. Du musst die Auseinandersetzung mit dem Leben als Läuterungsprozess begreifen und Kritik nicht als Verhinderung oder Bösartigkeit des Schicksals, sondern als einen Wink Saturns nehmen. Wichtig ist auch, dass du deine Emotionen, Wünsche und Sehnsüchte hinterfragst und diesem Prozess der Katharsis unterordnest.«

Saturn-Check
Wo muss man sich diesem Saturn beugen? Man muss sein Feuer zähmen und sich in Geduld üben.
Welche Mittel und Methoden wendet Saturn an? Vollkommenheit soll erreicht werden durch Verhinderung, Kritik und Strafe.
Worauf muss man achten? Nicht zu streng und rechthaberisch zu werden.

Saturn im Zeichen Stier – Über die Lust herrschen

Saturnstärken Beharrlichkeit, Festigkeit, Standhaftigkeit, Sparsamkeit
Saturnschwächen Geiz, Gefühllosigkeit, Sturheit, Gier, Neid, Existenzangst

Die Botschaft Saturns lautet: »Du musst deine Lust und deine Gier kontrollieren. Denn du neigst dazu, dass du mehr und härter arbeitest, als dir guttut, dass du nervös und gestresst bist und schließlich arbeitsunfähig wirst. Überdies tendierst du dazu, dein Geld in Geschäften anzulegen, die du nicht übersiehst, und am Ende ergeht es dir wie ›Hans im Glück‹: Du besitzt gar nichts mehr. Du läufst also Gefahr, über deine Verhältnisse zu leben, und das von Kindesbeinen an.
Dramatische Auseinandersetzungen mit Eltern und anderen Erwachsenen sind die Folge, wobei in deinen Augen zunächst immer die anderen die ›bösen, versagenden und missgünstigen‹ Menschen sind. Aber es ist mein Einfluss, der dir das Leben schwermacht. Ich, Saturn, verlange Verzicht – und das gerade dort, wo du am meisten Spaß hast. Das ist ein harter, mühsamer, frustrierender Weg. Auf diese Weise entwickelst du jedoch eine besonders feine Sinnlichkeit, wirst zum Genießer der kleinen Dinge und der wirklichen Köstlichkeiten des Lebens.«

Saturn-Check
Wo muss man sich diesem Saturn beugen? Seiner Lust und seinen Wünschen nicht nachgeben, Vorsicht beim Streben nach materiellen Werten.
Welche Mittel und Methoden wendet Saturn an? Der Weg führt durch Leid, Schmerzen, Versagung und Verhinderung, unter Umständen auch durch Krankheit.
Worauf muss man achten? Sich nicht kasteien und sich und den anderen so die Lust am Leben nehmen.

Saturn im Zeichen Zwillinge – Über die Leichtfertigkeit herrschen

Saturnstärken Klarheit, Überblick,
das Wesentliche erkennen,
literarisches Geschick, geistige Wendigkeit
Saturnschwächen Die Wahrheit verdrehen,
Unsicherheit, Besserwisserei, Charakterschwäche

Die Botschaft Saturns lautet: »Deine Aufgabe ist es, dich im Leben nicht zu verzetteln, die Wahrheit zu finden und nicht ihren Schein, Wissen zu erwerben, das wirklich nützlich ist. Du gehst dein Lebtag lang in eine Schule, in der du lernst, stetig besser zu werden, immer mehr Kenntnisse zu erwerben. Aber dieses ›Besser‹ und dieses ›Mehr‹ sind nicht einfach quantitativ gemeint. Es geht um einen großen Reifungsprozess.
Was ist der Grund, dich dermaßen streng zu disziplinieren? In deiner Persönlichkeit findet sich ein unglaublich leichtfertiger Anteil. Aus der Sicht des (Über-)Lebens heraus braucht es daher eine andere, eben die saturnische Kraft, damit du dir nicht aus dieser Gedankenlosigkeit heraus selbst schadest. In deiner Tiefenpsyche herrscht also ein berechtigter Zweifel an deinen Kontrollfunktionen. Das ist der Grund für die Strenge Saturns. Wenn du mit mir, dem Zwillingesaturn, behutsam und richtig umgehst, dann ›schleifst‹ du dich selbst, wirst nicht überheblich, sondern

orientierst dich an anderen und suchst dir Lehrer und Meister, die dir helfen, vollkommener zu werden.

Worauf du noch achten musst: Mit dieser Saturnstellung neigt man zu einsamen Entschlüssen. Sozusagen als Gegenreaktion auf die Leichtfertigkeit wird man zum Dogmatiker und Besserwisser, zu einem, der alles mit dem Kopf checkt. Eine solche Haltung entspricht nicht meinem Wunsch.«

Saturn-Check
Wo muss man sich diesem Saturn beugen? Lernen, Kritik konstruktiv zu nehmen. Man muss über sämtliche Konsequenzen seines Verhaltens Bescheid wissen.
Welche Mittel und Methoden wendet Saturn an? Mit Verhinderung, Misserfolg und Demütigung muss man rechnen.
Worauf muss man achten? Nicht dogmatisch und überheblich zu werden. Auch vor allzu großer Strenge muss man sich hüten.

Saturn im Zeichen Krebs – Über die Gefühle herrschen
Saturnstärken Selbstbeherrschung, seine Gefühle im Griff haben, zum Kern vordringen, Distanz, Wahrhaftigkeit, Zuverlässigkeit
Saturnschwächen Gefühlskälte, Rückzug, Misstrauen, Pessimismus

Die Botschaft Saturns lautet: »Aus einem Wesen, das seinen Instinkten, seinem ›Bauch‹ folgt, soll ein Mensch werden, der sein Leben nach Einsicht, Wahrheit und höherem Wissen steuert. Der Weg ist überaus schwierig und schmerzlich. Saturn hat dir nämlich Angst vor dem Glück und sogar vor der Liebe eingepflanzt. Als wäre es für dich verboten, Zufriedenheit zu kosten, als müsstest du immer wieder die Erfahrung machen, dass das Leben bitter ist.

Woher kommen diese Ängste? Deine Psyche ist geprägt von traumatischen Erfahrungen. Es kann sein, dass sie aus früheren Leben stammen. Es ist aber genauso möglich, dass du mit bestimmten existenziellen Erfahrungen deiner Ahnen verbunden bist. Jedenfalls lebt in dir die Angst fort, deine Gefühle könnten missbraucht werden, so wie es schon einmal geschehen ist. Deswegen misstraue ich, Saturn im Zeichen Krebs, grundsätzlich allen Empfindungen. Es ist reiner Schutz. Du sollst über die Gefühle hinauswachsen, unabhängig und frei von ihnen werden.

Aber du darfst mich auch nicht zum Alleinherrscher über dein Leben erheben und grundsätzlich vor allen Regungen davonlaufen. Du sollst klüger, erfahrener ins Leben treten, damit dir nichts Schlechtes widerfährt. Ziel deines Daseins ist es, deine Vergangenheit zu überwinden, nicht vor ihr zu kapitulieren. Stell dich deinen Gefühlen! Du bist kein Kind mehr, das man verletzen kann. Du bist eine erwachsene, starke Persönlichkeit!«

Saturn-Check
Wo muss man sich diesem Saturn beugen? Der Weg führt durch Leid, Schmerzen, Versagung und Verhinderung, unter Umständen auch durch Krankheit.
Welche Mittel und Methoden wendet Saturn an? Angst, Schmerzen, Versagung und Leid.
Worauf muss man achten? Das »Kind nicht mit dem Bad auszuschütten« sowie Gefühle zu missachten und zu unterdrücken.

Saturn im Zeichen Löwe – Über das Ego herrschen
Saturnstärken Selbstbeherrscht, erhaben, edel, vollendet
Saturnschwächen Arrogant, selbstherrlich

Die Botschaft Saturns lautet: »Du bist dafür bestimmt, das Höchste anzustreben – und musst doch immer wieder die Erfahrung machen, ganz unten zu sein. Durch mich, Saturn im Zeichen Löwe, werden Menschen geschmiedet, die Ruhm und Ehren erwerben, Meister und Führungspersönlichkeiten. Aber der Weg dorthin ist beschwerlich. Du wirst viel erdulden, durchmachen und verstehen müssen. Das Leben pendelt zwischen Macht und

Ohnmacht, zwischen Stolz und Scham hin und her. Allmählich entwickelst du vielleicht Angst vor Macht, Verantwortung und Erfolg – und wirst doch davon auch regelrecht angezogen.

Diese Saturnposition kann mit der Zeit zu Unlust dem Leben gegenüber führen. Dagegen musst du dann selbst ›zu Felde ziehen‹. Zuvor aber brauchst du die Einsicht, was ich eigentlich bezwecken möchte. Bedenke, dass diese Stellung die Folge von Machtmissbrauch ist. Vielleicht hast du in einem früheren Leben versagt, die Verantwortung nicht übernommen. Vielleicht trägst du aber auch an einer Schuld der eigenen Ahnen.

Saturn im Zeichen Löwe ›erzieht‹ dich dazu, dein Wirken, dein Verhalten und Sein zu überdenken und hinsichtlich sämtlicher Konsequenzen zu verantworten. Dazu gehört im Besonderen das Verhalten als Vater bzw. Mutter den eigenen Kindern gegenüber. Du musst die Verantwortung selbst dann übernehmen, wenn du nach gängiger Meinung davon freigesprochen wirst, wie zum Beispiel bei einer Krankheit oder einem Unfall.«

Saturn-Check
Wo muss man sich diesem Saturn beugen? Lernen, Verantwortung zu übernehmen.
Welche Mittel und Methoden wendet Saturn an? Man wird behindert, gedemütigt, kritisiert.
Worauf muss man achten? Nicht zu einem lust- und lebensfeindlichen Menschen zu werden.

Saturn im Zeichen Jungfrau – Über den Körper herrschen
Saturnstärken Treue, Anhänglichkeit, Arbeitseifer, Selbstkontrolle, Genügsamkeit
Saturnschwächen Ernst, Pedanterie, Kritiksucht

Die Botschaft Saturns lautet: »Bei dir trifft Kontrolle auf Kontrolle. Denn allein das Zeichen Jungfrau bedeutet, dass man seine Gefühle, seine Triebe, seinen Sex, seinen gesamten Körper im

Griff hat. Wenn dann ich, Saturn, noch hinzukomme, verdoppelt sich die vorsichtige und kritische Einstellung. Bei dermaßen viel Skepsis muss in der Vergangenheit (in einem früheren Leben, in der eigenen Ahnenreihe) etwas geschehen sein, das große Angst hervorgerufen hat: Angst vor Sexualität und dem damit verbundenen Akt der Zeugung, Angst vor Schwangerschaft und Geburt. Saturn in der Jungfrau verweist auf ein ›Versagen‹ in diesem Bereich: Vielleicht musste eine Schwangerschaft abgebrochen werden, möglicherweise kam ein Kind tot zur Welt, oder beide, Mutter und Kind, starben.

Durch meine Position wird jetzt ein Riegel vor Sex und Zeugung geschoben, werden die Gefühle blockiert, die Lust verringert, wird versucht, aus dem ›Tiermenschen‹ mit seiner Abhängigkeit von Lust und Trieben einen Homo sapiens im wahrsten Sinne des Wortes, einen ›weisen‹ Menschen zu machen. Ich, Saturn, verhindere also und wecke zugleich die Sehnsucht, das Körperhafte des Lebens zu transformieren, ein Wesen zu sein, dessen Energie nicht aus den Lenden, sondern aus dem Geist kommt. Das heißt beileibe nicht, dass du dich in ein Kloster zurückziehen sollst. Aber du musst dich mit diesem Thema auseinandersetzen. Das bleibt niemandem erspart, dessen Saturn im Zeichen Jungfrau steht.«

Saturn-Check
Wo muss man sich diesem Saturn beugen? Man muss seine Lust kontrollieren.
Welche Mittel und Methoden wendet Saturn an? Versagen, Enttäuschung, Krankheit, darauf muss man gefasst sein. Einsicht ist Bedingung.
Worauf muss man achten? Seine Lust nicht vollständig zu unterdrücken. Lustfeindlichkeit ist nicht das Ziel.

Saturn im Zeichen Waage – Über die Liebe herrschen
Saturnstärken Gerechtigkeitssinn, Ausgewogenheit, wahrhaftig lieben können
Saturnschwächen Disharmonie, Unzufriedenheit, Gefühlskälte, Einsamkeit

Die Botschaft Saturns lautet: »Meine Position bedeutet die Aufforderung, nach der ›richtigen, wahren‹ Liebe zu suchen. Ihr muss dein ganzes Sehnen und Streben gelten. Um sie zu finden, wirst du jede Menge Enttäuschungen zu verkraften haben. Denn was du für Liebe hältst – den Rausch der Sinne, überwältigende Gefühle, Herz und Schmerz –, hat vor mir, deinem Saturn, keinen Bestand. In meinen Augen heißt Liebe, dass sich Ich und Du, der eine und der andere, gleichwertig gegenübertreten. Niemand ist kleiner oder größer, gescheiter oder dümmer, wichtiger oder unbedeutender, reifer oder naiver. Das klingt einfach und ganz selbstverständlich, ist es aber nicht. Menschen haben von Natur aus das Bestreben, sich selbst zu verwirklichen, andere hingegen (und dazu zählen auch Partner) hintanzustellen. Darüber hinaus bestehe ich auf Zuverlässigkeit. Vor mir zählt noch das ›eherne‹ Gesetz ›… bis dass der Tod euch scheidet‹.

Es sind gravierende Dinge geschehen (in einem früheren Leben, in der Ahnenreihe), deshalb wache ich, Saturn, jetzt persönlich über die Liebe. Es kam zu unwürdigem Verhalten. Jemand wurde im Stich gelassen. Die Liebe wurde verraten. Herzen wurden gebrochen … Jetzt ›zahlst‹ du dafür. Aber es ist keine Rache oder Strafe. Ich, Saturn, mache mich stark, damit du derlei Fehlverhalten vermeidest. Ich bringe dich auf den Weg.«

Saturn-Check
Wo muss man sich diesem Saturn beugen? Man muss lernen, verbindlich zu sein.
Welche Mittel und Methoden wendet Saturn an? Falsche Liebe, Liebeskummer und Alleinsein drohen.
Worauf muss man achten? Die Liebe nicht restlos zu »vergessen«.

Saturn im Zeichen Skorpion – Über die Vergänglichkeit herrschen

Saturnstärken Tiefe, Zugehörigkeit, Willenskraft, Verbundenheit mit den Ahnen
Saturnschwächen Engstirnigkeit, Fanatismus

Die Botschaft Saturns lautet: »Meine Position verweist auf tragische, leidvolle Erfahrungen. Könntest du dein Leben bzw. das deiner Familie rückwärts abspulen, würden rasch Szenen auftauchen, in denen jemand auf der Flucht, vertrieben, ohne Heimat, ohne Zugehörigkeit ist. Diese Themen beherrschen deine Ahnenreihe weit über deine Großeltern hinaus. Man hat keine richtigen Wurzeln, kein Erbe, das man übernehmen, keine Fußstapfen, in die man treten kann. Wenn man zurückschaut, finden sich Leben ohne Glanz, ohne Würde, ohne Höhepunkt. Daher dränge ich, Saturn, dich mit aller Macht dazu, deinem Leben einen Wert zu verleihen. Denn das Gefühl, dass die eigenen Ahnen ein würdeloses Dasein fristen mussten, formt sich in den Seelen der Nachkommen zu einem großen, mächtigen Anspruch, es besser zu machen, den Gipfel zu ersteigen.

Ich, Saturn im Zeichen Skorpion, veranlasse dich, die dünnen Fäden aus deiner Vergangenheit aufzuspüren und im Laufe deines Lebens ein Netz daraus zu knüpfen – um so wieder einen Halt zu finden. In der Weise, wie du dich umdrehst und vor der Vergangenheit verneigst, bekommst du eine Verbindung zu deinen Vorfahren sowie der eigenen Vergangenheit und erhältst Kraft und Wissen. Das ist der ›Dank der Ahnen‹. Wenn du dich ihrer annimmst, erfährst du ihren Schutz und bist nie mehr allein im Leben. Hinter dir steht die Kraft der Vergangenheit.«

Saturn-Check

Wo muss man sich diesem Saturn beugen? Sich vor der Vergangenheit verbeugen.
Welche Mittel und Methoden wendet Saturn an? Man muss hohe Ansprüche an sich selbst und sein Leben stellen.

Worauf muss man achten? Nicht in der Vergangenheit zu »ertrinken«, Gegenwart und Zukunft nicht aus den Augen zu verlieren.

Saturn im Zeichen Schütze – Über Wahrheit und Wissen herrschen

Saturnstärken Pioniergeist, Mut, Weisheit, Stärke, Wahrhaftigkeit
Saturnschwächen Dünkel, Zynismus, Grausamkeit

Die Botschaft Saturns lautet: »Dein Leben ist eine Reise zu dir selbst. Du musst dir deinen eigenen Weg suchen! Lass dich nicht von anderen beeinflussen. Hör nur auf dich! Diese starke Hinwendung zu dir selbst ist verbunden mit einer Abkehr von deinem Umfeld und beruht auf einer Reihe großer Enttäuschungen in der Vergangenheit (der eigenen bzw. der Ahnen), bei denen der Glauben an andere Menschen verloren gegangen ist: Vielleicht hat ein Arzt versagt, es ist ihm ein Fehler unterlaufen, oder er hat sich zu wenig Mühe gegeben. Vielleicht wurdest du oder jemand aus deiner Familie in seinem Glauben zutiefst erschüttert, weil ›Gott‹ ein schreckliches Geschehen zuließ, einem nicht beistand. Es gehört auch zur Vergangenheit von Menschen mit dieser Saturnposition, dass sie – um zu überleben – ihrem Glauben abschwören mussten. Jedenfalls bestand am Anfang eine große Hoffnung, die schließlich in einer großen Enttäuschung mündete.

Mit mir, Saturn im Zeichen Schütze, hast du einen Vertrauten an deiner Seite, einen, der hilft, derartige Enttäuschungen zu vermeiden. Mit mir bist du von vornherein skeptisch. Du kommst bereits mit Misstrauen auf die Welt, und im Laufe der Jahre gewöhnst du dich immer stärker daran, alles in Frage zu stellen. Du wirst ein Mensch, der zwischen Illusion und Wahrheit genau unterscheiden kann. Du wirst weise.«

Saturn-Check
Wo muss man sich diesem Saturn beugen? Er verlangt Selbstvertrauen.

Welche Mittel und Methoden wendet Saturn an? Er führt einen durch Enttäuschungen, Fehlschläge und Irrwege.
Worauf muss man achten? Kein grundsätzliches Misstrauen zu entwickeln, nicht gänzlich an der Welt zu verzweifeln.

Saturn im Zeichen Steinbock – Über sich und andere herrschen

Saturnstärken Klarheit, Standhaftigkeit, Verantwortlichkeit, Führungskompetenz, Selbstbeherrschung
Saturnschwächen Kälte, Rücksichtslosigkeit, Einsamkeit

Die Botschaft Saturns lautet: »Du besitzt einen besonders mächtigen Saturn. Das kommt daher, dass ich der regierende Planet des Tierkreiszeichens Steinbock bin. Ich bin hier zu Hause und kann mich gut entfalten. Meine Kraft verdoppelt sich im Steinbockzeichen. Auf der einen Seite führt dies dazu, dass du kontinuierlich an einer Lebensaufgabe arbeitest. Sie lautet: Du sollst etwas Großes vollbringen!
Auf der anderen Seite führt diese doppelte Saturnkontrolle dazu, sich selbst und vor allem seinen Gefühlen zu misstrauen.
Dies hat seine Wurzeln in der Vergangenheit (in einem früheren Leben, im Leben der Ahnen), in der du bzw. deine Vorfahren ausgenutzt, manipuliert oder sogar missbraucht wurden. Zu denken ist auch an eine Verführung oder einen gewalttätigen Missbrauch von Kindern, wohl die verwerflichste Untat. Irgendetwas in dieser Art muss Ursache dafür sein, dass du dir heute selbst nicht mehr vertraust. Für dich sind Menschen gefährlich, unberechenbar, zu allem fähig.
In der Weise, wie du älter wirst und erfährst, dass das Leben, du und die anderen berechenbar sind, wirst du neues Vertrauen schöpfen. Du wirst neue Gefühle entdecken, solche, die weniger aus dem Bauch, sondern aus dem Herzen kommen. Du wirst lieben, mit anderen Menschen zusammen sein, aber auch allein sein können. Du wirst unabhängig, selbständig, und dein Leben wird

getragen von Stimmigkeit und Zufriedenheit. Jetzt obliegt dir auch, andere zu führen. Denn du wirst sie nicht ›verkrüppeln‹ und ›züchtigen‹, sondern zu Weisheit und Liebe führen.«

Saturn-Check
Wo muss man sich diesem Saturn beugen? Man muss lernen, Herr seiner selbst zu sein.
Welche Mittel und Methoden wendet Saturn an? Angst, Vorsicht, Enttäuschung.
Worauf muss man achten? Kein Einsiedler und kein Menschenfeind zu werden.

Saturn im Zeichen Wassermann – Über das Chaos herrschen

Saturnstärken Individualität, Erfindungsgabe, Menschlichkeit
Saturnschwächen Chaotisch, verwirrt und verrückt sein, Hochstapelei

Die Botschaft Saturns lautet: »Du suchst etwas besonders Wertvolles im Leben, nämlich Individualität. Einzigartigkeit ist kostbar. Zwar sagt man leicht dahin, jemand sei ein Individuum. Aber das ist hier nicht im formellen Sinne gemeint. Ein wirkliches Individuum besitzt einen eigenen Charakter, etwas Besonderes und Einmaliges. Dadurch unterscheidet sich der Einzelne von allen anderen Menschen, vergleichbar einem als Solitär dastehenden Baum in einer Landschaft. Dieser Wunsch nach Einmaligkeit ist uralt. Du trägst ihn schon lange mit dir herum (viele Leben, durch Generationen hindurch). Du bist aus der Gesellschaft ausgebrochen, hast deine Familie verlassen – immer auf der Suche nach Freiheit, nach Individualität. Du hast Menschen mit anderem Glauben, aus anderen Ländern und aus anderen sozialen Schichten geliebt. Kinder kamen, noch bevor ein längeres Zusammenleben überhaupt zur Diskussion stand. Du selbst entstammst letztlich einer derartigen ›Augenblicksverbindung‹. Du verdankst dein

Dasein einem sogenannten Zufall, einer Laune des Schicksals sowie der Spontaneität und Freiheit deiner Vergangenheit.
Aber du warst auch blind und unwissend und erlebtest daher grandiose Irrungen und Verwirrungen. Du erlittest die große Angst vor dem Chaos, vor einem Sein ohne Ordnung und Sicherheit. Du wurdest ausgestoßen und verbannt, verjagt und geächtet. Jetzt begleitet dich Saturn. Mit mir wirst du dein freies Leben fortführen und dich dabei immer sicherer am Chaos vorbeimanövrieren.«

Saturn-Check
Wo muss man sich diesem Saturn beugen? Man muss lernen, seine Individualität zu leben, ohne im Chaos unterzugehen.
Welche Mittel und Methoden wendet Saturn an? Reinfall, Bruchlandung und Fehlentscheidung.
Worauf muss man achten? Dass man den Kontakt zu anderen Menschen nicht verliert.

Saturn im Zeichen Fische – Sein Mitgefühl beherrschen
Saturnstärken Toleranz, Opferbereitschaft,
Weitblick, Visionen
Saturnschwächen Ich-Schwäche, Isolation, Selbstzweifel

Die Botschaft Saturns lautet: »Wie im Märchen wird dir aufgetragen, dich auf eine Reise zu begeben. Wohin? Vielleicht zum Ende des goldenen Regenbogens. Ans Ende der Welt. Oder nirgendwohin. Mit mir, Saturn im Zeichen Fische, ist dir ein Geheimnis in die Wiege gelegt. Aber mehr weiß man nicht. Das Geheimnis hat damit zu tun, dass in deiner Vergangenheit (in einem früheren Leben, in deiner Ahnenreihe) jemand verschwiegen wurde: ein Kind, eine andere Frau, der richtige Vater ... Dieses verleugnete, verheimlichte Leben fehlt jetzt deiner Seele, und sie sucht danach, ohne dass du es selbst bewusst wahrnimmst.
Dir ist infolgedessen ein besonderes ›Organ‹ für Unrecht und Lüge gegeben. Wo immer in dieser Welt Unrecht geschieht, leidest

du mit. Jedes Leid ziehst du regelrecht an. Aber das hat auch fatale Folgen für die Liebe. Du neigst dazu, dir einen Partner zu suchen, der ganz besonders der Zuwendung bedarf, weil er unglücklich ist. Dann kannst du ihm – so meinst du zumindest – all das angedeihen lassen, was in der Vergangenheit nicht geschehen ist: grenzenlose Liebe. Du nimmst ihn an. Du bist für ihn da. Du verstößt ihn nicht.

Aber das ist der falsche Weg. Du musst mit der Vergangenheit fertigwerden und sie nicht ständig vor dir hertragen. So wiederholst du nur dein Karma. Du brauchst nicht aufzuhören, andere zu lieben. Aber du darfst das rechte Maß nicht aus den Augen verlieren.«

Saturn-Check

Wo muss man sich diesem Saturn beugen? Man muss sich mit seiner Vergangenheit auseinandersetzen.

Welche Mittel und Methoden wendet Saturn an? Desillusionierung und Enttäuschung.

Worauf muss man achten? Die Vergangenheit nicht endlos zu wiederholen.

Zum Schluss

Seit nunmehr über dreißig Jahren beschäftige ich mich mit Astrologie. In dieser Zeit entstanden über sechzig Bücher zu diesem Thema. In zahlreichen Journalen und Zeitungen finden sich regelmäßig wöchentliche, teilweise sogar tägliche astrologische Beiträge von mir. In Einzelsitzungen, Seminaren, Aus- oder Weiterbildungen bin ich in meiner Tätigkeit als Astrologe einigen tausend Menschen begegnet.
Bei der ausgiebigen und intensiven Beschäftigung mit der Astrologie war mir immer daran gelegen, mich diesem geheimnisvollen »Kult« auf verschiedenen Ebenen zu nähern: auf einer leichten, unterhaltsamen in manchen journalistischen Beiträgen und auf einer ernsthaften, in die Tiefe führenden in meinen Büchern. Die populäre, eher spielerische Variante, wie sie Zeitungen oder Zeitschriften präsentieren, rückt die astrologischen Gegebenheiten ins Bewusstsein der Leser, macht neugierig und bewegt den einen oder anderen dazu, sich näher damit zu befassen. Die Astrologie scheint ohnehin eine ausgesprochen volkstümliche Komponente zu haben. Ich bin immer wieder erstaunt, dass eigentlich jeder, egal, ob er sich mit ihr beschäftigt hat oder nicht, gleich mitreden kann. Er »weiß« etwas über den Widder, den Stier, den Zwilling oder die Jungfrau. Ich bin überzeugt, dass es diese Nähe zum Alltag und Normalen ist, die die Astrologie letztendlich unverwüstlich gemacht hat.
Ich habe Psychologie studiert und war zehn Jahre lang als Psychotherapeut aktiv. Mein Wechsel zur Astrologie geschah langsam und voller Skepsis. Wie jeder denkende Mensch ist auch mir ein Zusammenspiel von kosmischen Bewegungen und menschlichem Sein nahezu unvorstellbar. Aber ich wurde immer wieder eines Besseren belehrt: Es existieren Parallelen respektive Analogien zwischen »oben« und »unten«. Doch diese Verbindung ist nicht fest oder mechanisch. Es gibt Widersprüche, Ausnahmen, Irrungen und Verwirrungen. Jeder, der sich tiefer mit der Astrologie

beschäftigt, betritt früher oder später einen Raum, der voller Wunder, aber auch voller Rätsel ist. Aus einem Horoskop lassen sich unglaubliche Schlussfolgerungen ziehen, die zum Beispiel einem Psychologen – wenn überhaupt – erst nach langen Explorationen zugänglich werden. Ein Horoskop beleuchtet das Wesen eines Menschen, offenbart seine Herkunft, seine Stellung in der Welt und seine Zukunft. Dennoch steht man auch immer wieder vor Abweichungen und Ausnahmen.

»Astra inclinant, non necessitant«, zu Deutsch: »Die Sterne machen geneigt, doch sie zwingen nicht.« Dieses berühmte und beflügelnde Zitat, das Thomas von Aquin (1225–1274) zugeschrieben wird, hat mich immer bei meiner Arbeit begleitet. Heute würde ich es sogar folgendermaßen umformulieren: »Die Sterne lösen Rätsel und decken Geheimnisse auf. Aber sie schaffen auch viele neue ...«